Palavras Que Não Passam

Reflexões e poemas

Coleção Fé Humilde

1. A fé humilde
2. Palavras que não passam
3. O amor humilde
4. Apenas um rio que passa
5. Meu jeito de ser católico
6. Maria do jeito certo

Pe. Zezinho, scj

Palavras Que Não Passam

Reflexões e poemas

3ª edição – 2011

Dados Internacionais de Catalogação na Publicação (CIP)
(Câmara Brasileira do Livro, SP, Brasil)

Zezinho, Padre
  Palavras que não passam : reflexões e poemas / Padre Zezinho. – 3. ed. – São Paulo : Paulinas, 2011. – (Coleção fé humilde ; 2)

  ISBN 978-85-356-1117-5

  1. Meditações   2. Poesia religiosa brasileira   I. Título.   II. Série.

11-10816   CDD-248.34

Índice para catálogo sistemático:
1. Reflexões e poemas : Cristianismo   248.34

Citações bíblicas: *Bíblia Sagrada – tradução da CNBB*, 2ª ed., 2002.

Direção-geral: *Flávia Reginatto*

Editora responsável: *Luzia M. de Oliveira Sena*

Assistente de edição: *Daniela Medeiros Gonçalves*

Coordenação de revisão: *Andréia Schweitzer*

Revisão: *Viviane Oshima e Mônica Elaine G. S. da Costa*

Direção de arte: *Irma Cipriani*

Gerente de produção: *Felício Calegaro Neto*

Fotos: *Pe. Zezinho, scj e arquivo Paulinas*

Projeto gráfico e produção de arte: *Cristina Nogueira da Silva*

Nenhuma parte desta obra poderá ser reproduzida ou transmitida por qualquer forma e/ou quaisquer meios (eletrônico ou mecânico, incluindo fotocópia e gravação) ou arquivada em qualquer sistema ou banco de dados sem permissão escrita da Editora. Direitos reservados.

PAULINAS
Rua Dona Inácia Uchoa, 62
04110-020 – São Paulo – SP (Brasil)
Tel.: (11) 2125-3500
http://www.paulinas.org.br – editora@paulinas.com.br
Telemarketing e SAC: 0800-7010081

© Pia Sociedade Filhas de São Paulo – São Paulo, 2003

ESTE LIVRO

Um pedido da editora que me hospeda há mais de trinta e cinco anos e de muitos espectadores dos meus programas de rádio e televisão deu origem a este livro que nasce despretensioso.

São anotações posteriores ao que eu disse ao vivo e que Sonia Mara, Lílian, Renata e Suzana digitaram, com base no que falei naqueles programas.

Alguns textos deixaram marcas, tanto que os ouvintes pediam cópias e a Editora Paulinas transformou em livros o que foi dito ao longo desses mais de vinte anos de pregação.

O leitor perceberá que esta obra não segue uma ordem. As mensagens que recebemos também não vêm em forma de bê-á-bá. Acontecem e, quando as entendemos, as ordenamos dentro de nós.

Meu livro é o que é. Uma coletânea. Espero que seja útil aos que evangelizam e muitas vezes procuram textos para ilustrar suas canções, seus *shows* ou suas pregações. Espero, também, que ajude alguém a dormir pensando na vida e no céu.

Pelo sim, pelo não, meu livro está escrito. Se lhe for útil, ore por mim, que nem sabia que esses poemas e pensamentos morariam dentro de um livro! Agora sou o escritor e você, o leitor, e ambos somos cúmplices de pensamento e de teimosia. Caminhemos pensando!

Pe. Zezinho scj

PALAVRA CERTA, DO JEITO CERTO...

Pedirei, com toda a humildade que puder recolher em mim,
que me dês, como dom de tua misericórdia,
a mim que sei que não mereço,
a palavra certa,
do jeito certo,
na hora certa
e para a pessoa certa!

Assim terei certeza de que minhas palavras não passarão.
O que é mais importante:
sei que minhas palavras ajudarão a curar,
mesmo que tenham de ser exigentes,
como as que nasciam de tua boca!

Não sei dizer as coisas como se deve.
Por isso, dá-me sabedoria para falar ou calar a minha boca.
Mas que não seja por medo, nem por dinheiro,
nem por interesses pessoais,
nem para não perder aquele posto ou aquele aplauso;
nunca por omissão!

O HOMEM JESUS

Se existiu no mundo um ser humano que sabia tudo sobre Deus, essa pessoa foi Jesus. Se alguém chegou à intimidade absoluta com Deus, este foi Jesus. Foi ele mesmo quem o disse. E ele era plenamente humano.

Se uma pessoa é capaz de tamanha intimidade, ela não é um sujeito qualquer. É especial. Especialíssima. Foi Jesus quem o disse.

Se Deus é esse ser que pensamos que seja, o ser humano que afirma ter intimidade absoluta com ele corre o risco de ser o doido mais varrido, o maior dos mentirosos, o maior dos megalomaníacos. Mas, se for verdade, então ele é o mais especial, o mais humano entre os humanos. E Jesus disse que sabia quem era e quem o havia mandado: ninguém menos que Deus, a quem ele chamava de Pai (*Abbá*, em aramaico).

Pessoa alguma será capaz de conhecer Deus. Mas Jesus disse que o conhecia. E somente ele. Ninguém antes nem depois dele foi capaz disso. Se Deus existe, se criou o mundo e se criou o ser humano, somos todos filhos de Deus. No entanto, Jesus garante que é o Filho Único.

Há uma coisa nesse homem Jesus que nenhuma pessoa relativamente inteligente é capaz de decifrar: fala como alguém igual, absolutamente identificado com Deus. Ou sua mentira é mentira demais para nós, ou sua verdade é verdadeira demais. O fato é que nenhum ser humano jamais falou como Jesus falava.

Os homens que escreveram a seu respeito não teriam capacidade de criar um personagem assim tão forte, capaz de desafiar a mente de tantos pensadores e cientistas durante vinte séculos. Se Jesus foi invenção, então os quatro evangelistas que, como insistem alguns, teriam construído o personagem Jesus seriam mais espertos que ele.

Para crer em Jesus, precisamos acreditar nos seus biógrafos: Mateus, Marcos, Lucas e João. O que deu neles? O que viram e ouviram para falar dele como falaram e morrer por ele como morreram?

E os apóstolos? Que experiências tiveram para dar a vida por ele? Morreram por um personagem de novela ou por uma pessoa real? Como foi? O que viram em Jesus para viver por ele e morrer da forma que morreram? Era Jesus filho de Maria, filho de José, Filho especialíssimo de Deus ou era uma invenção da cabeça deles? Jesus fanatizou-os? Mas como, se Jesus nunca impôs nada em cabeça nenhuma? Não foi ele quem os deixou livres para ir embora, se quisessem? (Jo 6,67)

Nunca usou de armas nem de violência. Falou claro que quem o seguisse teria felicidade, mas teria também muito sofrimento. Nunca fez *marketing* mentiroso do caminho que propunha. Não era desesperado em fazer discípulos.

Que palavra forte tinha esse Jesus que ultrapassou e sobreviveu aos humanos, às ideologias, às seitas, e até mesmo aos erros colossais dos que transmitiram sua mensagem através dos séculos? O que ele disse para ter se tornado a personalidade mais carregada de humanidade que se conhece?

A soma de todos os grandes seres humanos, com as suas mensagens, não chega nem perto do mistério que é Jesus. Nenhum dos Doze que o conheceram e viveram com ele tinha a mesma idéia sobre ele. Cada qual o viu sob seu ângulo e da sua experiência. Mas, da sua pregação, emerge um ser totalmente identificado com Deus, totalmente filho — Filho especialíssimo de Deus. E se era tão Filho, por que não Deus?

Era difícil crer. E ainda é difícil. O mistério de Jesus leva ao mistério de Deus e desafia tudo aquilo que se conhece de ciência e de religião.

Porque esse homem Jesus é, antes de tudo, Filho. Sem essa palavra é impossível continuar crendo nele.

O Criador da humanidade tem um Filho, que é Jesus. E é por meio desse Filho especial que o Criador nos adota também como filhos seus, como disse o apóstolo Paulo.

Será nossa fé suficientemente forte para nos fazer sentir que, por intermédio de Jesus, somos filhos e herdeiros do Pai maior (Abbá), que nos ama e nos ampara nesta vida e na eternidade? Ou nossa casa é hermética demais para que nela entre ao menos uma réstia da luz do Sol?

PENSAR COMO JESUS PENSOU

Quero repensar o mundo!
Quero primeiro entender o que o mundo é.
Depois, quero imaginar o que ele tem
que deve ser conservado.
Depois, outra vez, quero olhar o mundo
e imaginar o que deve ser banido.
Finalmente, quero repensar este planeta.
Quero pensar como Jesus pensou.
E ele disse que muita coisa seria mantida.
Outras deveriam mudar.
Ele mesmo mudou o que devia ser mudado.
Mas havia muita coisa boa que ele elogiou e manteve.
Se Deus amou tanto o mundo
que mandou a ele o seu Filho bem-amado,
e se o Filho bem-amado tanto amou o mundo
que por ele deu a vida,
quem sou eu para não amar este planeta e seus habitantes?

Nunca direi que o mundo é mau!
Direi que o mundo tem gente má.
Mas saberei fazer as contas:
há mais gente boa do que má no mundo.
O único problema é que o mal ganha mais promoção
e mais *marketing,* porque vende melhor o seu peixe malcheiroso.
Então está na hora de vender o nosso peixe.
Mas não seria nada mau lavar também o nosso peixe
antes de oferecê-lo ao povo de Deus...
Jesus era um grande pensador.
Que eu, seu discípulo, me habitue
a não falar sem pensar...

FALAR COMO JESUS FALOU

Quero falar como Jesus falou.
É claro que não tenho suficiente sabedoria para isso!
Então tomarei tempo para pedir essa graça.
Que o Senhor Jesus me ensine a buscar suas palavras onde elas estão
e que eu saiba quem a possui e quem não a possui.

Foi ele quem disse que tomássemos cuidado com os falsos cristos
que dirão mentiras em seu nome.

Que eu saiba quem, quando e onde, para saber qual palavra!
Então, tendo escolhido direito o livro e os mestres,
provavelmente saberei falar como Jesus falou.

Agora é gente demais falando em nome dele.
Será que Jesus os reconhecerá naquele dia final?
Será que serei reconhecido?

Será que dirão de mim o que disseram de Jesus?
"Esse aí fala como quem tem autoridade!"
Que meu discurso não seja só para a platéia.
Que eu diga e assine embaixo, mesmo que não ouça os aplausos!
Meu mestre também não foi aplaudido em tudo o que disse...

AMAR COMO JESUS AMOU

Sei que jamais conseguirei isto:
amar como Jesus amou.
Mas posso tentar.
Foi ele quem disse que deveríamos tentar ser perfeitos,
assim como o Pai é perfeito (Mt 5,48).

Um balde pode estar cheio,
da mesma forma que um barril também pode estar.
O barril tem muito mais conteúdo, mas os dois estão em plenitude.
Certamente o balde nunca será tão cheio como o barril.
Mas, se estiver cheio, terá atingido o máximo de sua possibilidade.

Amar como Jesus amou não é, pois, amar com a mesma intensidade.
Jesus amou muito mais do que todos nós amaríamos.
Mas assim mesmo sou chamado a amar
ao máximo de minha potencialidade.

Por isso oro e prosseguirei orando para amar como Jesus amou.

Nunca será da forma dele, que foi plena.

Mas será certamente muito mais do que tenho amado até agora!

CHORAR COMO JESUS CHOROU

Falemos um pouco do amor de Jesus. Vale a pena refletir sobre seu modo de amar, para que melhoremos o nosso.

Jesus amava e amava muito: ao infinito! Maior amor neste mundo, impossível. Nunca, jamais filho algum amou tanto seu pai como Jesus. Nunca, jamais alguém falou de Deus com tamanha intimidade. Jesus foi, neste mundo, o coração que mais amou a Deus. E Deus o aprovava totalmente (Mt 3,17).

Diante de Deus, Jesus era o Filho bem-amado e era também o Filho que bem amava. E amou, também de maneira completa, o ser humano. Amor maior do que o dele não se conhece, não existiu nem existirá.

Mas houve um dia em que Jesus chorou, porque não foi ouvido nem amado (Mt 23,37). Jerusalém o rejeitara. E ele disse: "Jerusalém, Jerusalém! Quantas vezes eu quis reunir seus filhos como a galinha reúne os seus pintinhos debaixo das asas. Mas você não quis. Eu sei o que vai acontecer com você, por isso eu choro!"

Quem ama muitas vezes chora: de alegria, de tristeza, por decepção, por mágoa. Chorar faz parte do amor. Que o digam as mães. Quem ama, mais chora do que faz chorar. Quem não ama faz chorar mais do que chora. Que o digam os assassinos e caluniadores.

Faz bem saber que Jesus chorava por seus amigos e se comovia profundamente, como aconteceu em Jerusalém, na morte de Lázaro (Jo 11,33-35), e ao ver a dor da viúva em Naim (Lc 7,13), quando teve imensa pena. Mostra um Jesus que sente tanta pena e se antecipa a qualquer pedido. Fez isso com o paralítico à beira da piscina e em muitas ocasiões. Os que exaltam o Coração de Jesus buscam na sua pregação acentuar esse lado do Messias. Ele teria pena do povo (Mt 9,36), por estar como ovelha sem pastor. Quem o socorreria? E foi por isso que educou os apóstolos para a justiça e para a misericórdia. Seriam corajosos denunciando os injustos, os acomodados e os aproveitadores, e cheios de perdão e compaixão com os pecadores, com as vítimas de algum vício ou dos sistemas injustos, ou ainda dos falsos pregadores que mais exigem do que dão.

Uma leitura dos evangelhos sob a ótica da justiça e da misericórdia mostra um Jesus que sabia usar da justiça de forma certa e contra o grupo certo, e da misericórdia, com as pessoas que realmente precisavam dela. Os fingidos e aproveitadores da fé ou da política não tinham vez com ele. Chamava-os de sepulcros caiados e hipócritas. O capítulo 23 do evangelho de Mateus mostra a ira justa de Jesus contra os que se apossaram do poder e da religião para oprimir o povo. Mas há centenas de passagens em que se vê Jesus cheio de perdão e misericórdia. Justiça contra quem pretende continuar sendo injusto, perdão para quem pretende ser bom e mudar de vida. É por isso que já no início de Lucas se lê que os anjos cantavam paz aos que ele amava (2,12-14), e em João (14,27) Jesus diz que deixa a sua paz como herança, mas não a paz distorcida do mundo; sua paz era feita de misericórdia, embora o que tivesse de ser corrigido seria corrigido. Era comum Jesus curar e depois cobrar da pessoa curada que mudasse de vida. "Não tornes a pecar." Fez isso com a pecadora ameaçada de morte (Jo 8,3-11), a quem disse que estava livre, mas deveria deixar sua vida de pecado. Fez o mesmo com o paralítico na piscina (Jo 5,1-14); ao encontrá-lo no Templo, identificou-se e lhe disse textualmente que deveria parar de pecar para que não lhe acontecesse algo ainda pior... Não sabemos a história daquele homem, mas, para Jesus dizer o que disse, alguma razão havia. É João quem diz que Jesus conhecia o íntimo das pessoas (2,25).

Curou e perdoou muita gente, mas deixou claro que não deveriam mais pecar. Curava por dentro e por fora. Por fora, era obra dele, por dentro, dependia da pessoa, que deveria completar a obra com uma vida, agora, pura e voltada para Deus. Pensemos nesse pregador justo que denunciava o quanto era preciso. Não punha panos quentes nas questões, nem dava tapinhas nas costas de quem prejudicava o povo. Mas estava pronto para o diálogo com quem mostrava boa vontade ou sofria e queria ser salvo.

A pedagogia libertadora de Jesus continua sendo a melhor forma de agir: chorar junto com quem chora, denunciar o erro e chamar a atenção dos teimosos, rir com quem faz festa e exigir coerência de quem foi favorecido. Estamos diante de uma pessoa que chorava junto, mas não se deixava enganar por falsas orações gritadas pelas esquinas, nem por falsos jejuns e tampouco por falsa piedade. Pior ainda os que se diziam movidos pelo céu e revelados. Jesus cobrava dessa gente. Gente boa nunca teve dificuldade com ele. Os fingidos ou aproveitadores e os de coração duro não tiveram seu caminho facilitado. Jesus os enfrentou. Foram eles quem o mataram!

SORRIR COMO JESUS SORRIA

Na catedral de Maringá,
vi uma vez um quadro de Jesus sorrindo.
Gostei.
Poucas igrejas o possuem.
Poucas pessoas imaginam Jesus sorridente.
No entanto, ele seguramente sorria.

Nada mais errado que imaginar Jesus de rosto fechado,
triste, sério e trágico o tempo todo.

Os evangelhos nunca dizem que ele sorriu.
Mas dizem que ele tinha bom humor
e soube brincar com Natanael,
o israelita sem um pingo de malícia (Jo 1,44-47).

Soube brincar com Marta,
excessivamente preocupada com os cuidados da casa (Mt 10,41),

e fazia bom uso das frases dos hebreus carregadas de humor:
"médico, vê se cura tua própria doença" (Lc 4,23).

Jesus sabia ver o lado poético e engraçado da vida.
Muitas de suas frases mostram sua acuidade mental.
Ninguém o encurralava com argumentos.
Era tão lúcido e esperto que deixaram de lhe armar ciladas.
Ele entendia tudo e acabava enrolando quem o viera enrolar.
Foi o caso do tributo a César.
Pegou-os pela moeda que usavam.
Se aceitavam a autoridade de César,
e até a carregavam na bolsa,
por que a pergunta (Mt 22,17-22)?

Quero, pois, aprender a ver o outro lado das coisas.
Se possível, quero de vez em quando levar meu povo a um sorriso.
O tempo todo, seria palhaçada.
Nunca, seria tragédia.
Tentarei sorrir como Jesus sorriu ou sorriria.
É isso o que farei!

PORQUE JESUS RESSUSCITOU

O mundo é composto de crentes e não crentes. Os crentes de algumas religiões imediatistas, os ateus e os materialistas, de certo modo, podem justificar seu desespero diante da morte. Ou não acreditam na eternidade ou querem tudo aqui, agora, já. Os cristãos, não.

Quando um cristão se desespera diante da morte e age como um pagão, que não espera mais nada além do último suspiro, ou esqueceu ou nunca entendeu a vida de seu Mestre Jesus. O cristianismo nasceu do desafio que Jesus lançou à morte. Ao contrário do que muitos pensam, não foi o Natal e sim a Páscoa que deu sentido e origem ao cristianismo. Portanto, a razão de nossa fé não está no nascimento de Jesus, mas na sua ressurreição.

São Paulo afirma que de nada adiantaria e nada faria sentido no cristianismo, se Jesus tivesse morrido para sempre. Se ele não tivesse ressuscitado, seríamos os mais ingênuos e tolos crentes do planeta (1Ts 4,14; 1Cor 15,2-14). É a ressurreição de Jesus que torna toda a sua doutrina digna de crédito.

Somos cristãos porque acreditamos e afirmamos que aquele homem judeu chamado Jesus de Nazaré, que foi perseguido e morto, mais do que carpinteiro e depois pregador e profeta, era o Filho predileto do Criador do universo. Isso: era o Filho de Deus! Podem rir de nós, mas é isso o que afirmamos. Aquele moço era o Filho de Deus e o ungido que os hebreus esperavam. E cremos que ele veio ao mundo mostrar que este tem conserto. E morreu para provar que a morte não é o ponto final.

Por isso ressuscitou e mostrou que a vida é eterna e o ser humano não foi criado para desaparecer.

Depois da vida, a morte é a maior realidade humana. Todos os que viveram morreram. Todos os que vivem morrerão. Mas o cristianismo acrescenta outra verdade a estas duas: os que morreram e os que morrerem ressuscitarão em Cristo e com Cristo (1Ts 4,16-18). Ninguém volta ao nada. A vida continua depois da morte.

Porque Jesus ressuscitou, nós, os cristãos, não temos outra escolha senão proclamar que o mundo tem conserto, que a morte é uma passagem para o eterno, onde não há mais espaço, nem tempo, nem limite algum, porque então teremos atingido nosso ponto definitivo de hominização.

Temos de ser otimistas e crer que, um dia, neste planeta, viverá uma geração feliz, completa e capaz de conviver no amor. Já não estaremos entre os vivos, como outras cem bilhões de pessoas também não estão. Mas aquela geração viverá por nós, aqui, em vida, o Reino que nós perseguimos, em parte para nós, em parte para eles.

Porque Jesus ressuscitou, acreditamos que o amor, a paz e a justiça um dia reinarão na Terra. Enquanto isso, não temos medo nem da vida nem da morte. Uma só realidade nos amedronta: o pecado, porque este, sim, pode condenar o ser humano à morte eterna.

JESUS NÃO SE CRUCIFICOU, DEIXOU-SE CRUCIFICAR

O pensamento não é meu. Emitiu-o o padre fundador da congregação religiosa da qual sou membro. Seu nome: Leão João Dehon. Ele tinha uma visão bastante inteligente da ascese cristã. Para pe. Dehon, o cristianismo não consistia em procurar o sofrimento para mostrar maturidade no amor, e sim aceitar o que vinha, mesmo contra a vontade. Condenava, portanto, a atitude de procurar tanto o prazer como a dor e a renúncia. Entendia o amor como um modo natural de estar em Deus e com o próximo, transformando os pequenos e grandes momentos em aceitação plena dos fatos e das pessoas.

Quando vejo em certos grupos cristãos uma busca de algo "diferente", por demais acentuada, a ponto de parecer fundamental fazer coisas que os demais não fazem, começo a me questionar sobre esse cristianismo. Creio profundamente no valor do cotidiano e na capacidade de qualificar os acontecimentos, à medida que acontecem ao nosso redor e em nós. A graça de Deus não consiste sempre no sensacional, e sim no comum, que a gente transforma ou deixa de transformar, a ponto de ser inundado pelo infinito!

A figura do quarto escuro, com as janelas fechadas ou as cortinas cerradas, é um bom exemplo. Nada muda no quarto quando entra a luz; contudo, tudo é diferente porque a luz entrou. Cadeiras, mesas, sofás, flores, quadros estão no mesmo lugar e são o que são, mas quando entra a luz, a gente os vê melhor e os aprecia muito mais.

É assim a ascese do cotidiano. Não é porque resolvo sofrer mais por Cristo e busco renúncias espetaculares, que minha vida fica mais lúcida. É porque minha vida fica mais lúcida que, às vezes, tem sentido eu buscar renúncias, ou tomar aquele cafezinho ou aquele vinho com moderação, em companhia dos amigos. Quando a luz de Deus está em mim, qualifico as coisas que faço ou uso.

Este recado vai para aqueles que pensam que a santidade consiste em ser uma pessoa extraordinária. Não é bem isso. Ser uma pessoa comum, que consegue dar um sentido extraordinário às coisas do cotidiano, isso é santidade.

Quem está imerso em Deus não precisa do sensacionalismo. É no dia-a-dia, na capacidade de valorizar o comum sem jamais cair na rotina, que se mede o amor. Isso, no casamento e também na vida de cada dia. E é o que falta a muitíssimos cristãos, que pensam ser santos e acolheram o caminho mais difícil. Se fossem santos, conseguiriam dar sentido a qualquer caminho, inclusive o fácil...

JANELA DA ALMA

Quando Jesus disse: "Se teu olho te escandaliza, arranque-o e jogue-o fora, pois é melhor entrar na vida cego do que tendo um olho perder a vida eterna", ele estava usando uma metáfora: não estava aconselhando o pecador a ficar cego, e sim acentuando um fato que, desde que o ser humano existe e vê, todos os povos e civilizações reconhecem como sendo fato capital (cf. Jo 5,29).

Em geral, acabamos sendo e fazendo aquilo que vemos. Os olhos são as janelas do nosso ser, por eles entram a beleza, a pureza, os olhares límpidos, as cores, as danças, os movimentos. Por eles, também, entram as malícias, as sugestões, os crimes mais hediondos e as tentações mais violentas.

O ser humano que pensa em dinheiro, desde que o mundo é mundo, criou a indústria do espetáculo, porque pelos olhos se cativa uma pessoa. Pelo que os olhos vêem consegue-se mais ou menos riquezas. A indústria do sexo, que rende hoje milhões ou bilhões de dólares, passa pelo olhar. Vídeos, filmes, teatros, roupas, revistas, livros, jornais, *outdoors*, tudo é apelo à vista e aos olhos humanos. A esperança é que eles comprem ou se decidam a gastar o seu dinheiro, porque a imagem sempre entra pelos olhos.

Primeiro é a visão, a seguir o desejo, depois a curiosidade louca, que se repete, paixão que não se reprime e finalmente lucro para quem o provocou.

São assim as revistas e os vídeos eróticos. Ninguém compra pela primeira vez, mas, de tanto ver, acaba tornando-se consumidor. Os olhos poderiam ser a porta de entrada para a virtude. Por isso, a religião precisa saber o que fazer com os olhos de seus fiéis; quanto melhores forem nossos livros, filmes, mais chances teremos de formar cidadãos, que se tornam santos.

Acho que, no momento, o mundo está mostrando seus produtos melhor do que a Igreja. Não estamos sabendo anunciar o Evangelho para os olhos do povo. Mas nunca é tarde para começar.

Nossa Igreja poderia tornar-se mais audiovisual, se quisesse ser mais atuante e atual.

A GRANDE COMUNICAÇÃO

No princípio, não havia quase nada do que existe agora. Tudo era caos. Só existia um Ser: o Logos. Nada mais além dele. Mas o Ser não se conteve, tamanho e único era o seu conteúdo. Decidiu partilhar-se, tornar-se comum. E assim o fez. Transbordou no magnífico e eterno ato da criação do universo. E foi assim que o Ser deu vida ao tempo, ao espaço e a tudo aquilo que agora existe.

Esse transbordamento de sua essência foi o início do grande mistério da comunicação. Dessa comunicação primeira e continuada nasceram as incontáveis estrelas, galáxias, constelações, bilhões, trilhões de corpos celestes a explodir, incendiar-se, acender e apagar-se há bilhões de anos, em velocidade e objetivo que nem sequer podemos imaginar, que não sabemos onde nem como vai acabar, porque daqui a milhares de gerações tudo continuará a ser mais ou menos como é agora.

E foi nesse tempo e espaço que praticamente não passam — tamanhos os números e as distâncias a computar — que, há cerca de cinco bilhões de anos, um mísero grão de poeira cósmica conheceu uma forma de comunicação: a vida. Ou terá sido muito mais tarde?

O fato é que esse planeta — que leva 365 dias para dar uma volta ao redor de sua estrela mãe e com ela, o Sol, leva duzentos mil anos para dar uma volta em torno das outras cem milhões de estrelas da Via Láctea — acolheu numa passagem do tempo a vida, que veio em forma de plantas e animais aos milhares. Um dia, o Ser deu ser a um animal pensante, capaz de imaginar-se próximo do Ser que a tudo deu origem.

E o Ser que a tudo deu origem respondeu, comunicando-se mais intimamente. Aceitou a grande procura do ser humano e enviou a ele, em forma de contato e comunicação, a sua essência, em forma de pessoa humana, que se fez semente como qualquer pessoa e que veio a ser a sua comunicação com a humanidade.

Mas nem o Ser Filho nem sua comunicação foram entendidos. Os seres humanos ficaram receosos com as conseqüências dessa comunicação. E aquele que veio rimar humano com Deus foi declarado nota destoante, por isso, rejeitado e morto por pessoas que não suportaram a possível revolução que nasceria de sua palavra.

Houve, porém, um grupo de homens e mulheres que entenderam suficientemente essa comunicação libertadora e plenificante. Apostaram suas vidas na certeza de que ele era a vida e a luz que regia o universo e viera da mesma essência do grande Ser. E proclamaram que ele vinha da mesma essência criadora de tudo. Jesus era o Logos de Deus.

Só eles poderiam ter a ousadia de se proclamar filhos de Deus, porque somente eles tiveram a coragem de assumir a comunicação até as suas últimas conseqüências. E quem acreditou no Verbo Jesus de Nazaré viu o que humano algum jamais vira ou verá depois: a pessoa do Logos.

Só os que acham isso possível continuarão a ser candidatos ao mergulho nas origens do universo. E o Verbo se fez carne e habitou entre nós. E não é possível imaginar Deus sem comunicação. E não é possível imaginar humanidade sem comunicação. E não há nada sem comunicação. E tudo o que existe voltaria ao nada, se o Logos parasse de transbordar e não mais se comunicasse.

Foi para rimar humano com infinito que Jesus veio ao mundo. E é por isso que aquele que não se comunica, ou não sabe o que é, não quer ser filho do Logos.

Jesus é a rima perfeita do ser humano com Deus. Nós também rimamos com ele, mas imperfeitamente. E o Verbo se fez carne. E Deus se comunicou visivelmente e habitou e habita entre nós. É tudo questão de sintonia...

FUI, SOU E SEMPRE SEREI CHAMADO

Existe um Deus que me ama. Esse Deus me chama... sempre! E chama a mim e a todos os seres vivos, para que respondamos, cada um do seu modo e com seus limites. Responder é a nossa vocação primeira.

Fui chamado a ser, a viver, a conviver, a crescer, a compreender, a servir, a criar, a ajudá-lo a melhorar o mundo.

Milhares, quase todos os homens e mulheres do mundo são chamados a procriar vidas no amor. Está dentro do ser humano gerar, criar e cuidar de uma nova vida. Somos racionais, mas somos animais. E porque somos animais, o corpo pede uma vida. Porque somos racionais, o coração precisa de um porquê. Gerar por gerar machuca quem o fez e fere a criança gerada. Quem não quiser gerar uma nova vida deve saber o que está fazendo e por que escolhe esta renúncia. Quem quiser gerar deve saber por que quer esta vida. Não podemos fazer o mesmo que elefantes, cães e gatos. Não basta acasalar. Para o ser humano, o nascimento de uma nova vida é um chamado de Deus e deve ser um gesto consciente de quem quer acrescentar algo à sua vida e à vida humana no planeta.

Fui e sou constantemente chamado a fazer escolhas. Sou chamado a partilhar, a construir, a aperfeiçoar vidas e coisas, a crer em Deus, no ser humano e no futuro, a ser perfeito e a buscar o melhor em tudo, não para mim, e sim para toda a comunidade.

Fui, sou e serei sempre chamado à santidade, à pureza e à esperança. Fui, sou e permaneço chamado a ser Igreja, a fazer a história e a viver o martírio do cotidiano.

Um dia, porventura, talvez eu possa ser chamado ao martírio de sangue, mas essa é uma graça que Deus dá a poucos. O meu, talvez, será o martírio de cada dia. Serei, sem dúvida alguma, num tempo que pode ser hoje, chamado a morrer, aqui na terra, mas não serei chamado a voltar ao nada.

O Deus que me chama e me ama, como último ato de sua vontade infinita, há de me chamar à ressurreição, na luz de sua luz. Chamado a ser, chamado a nascer, chamado a viver, e chamado a ressuscitar, para "ser" eternamente com ele, eis a minha vocação! Eis a vocação de cada um!

ALGUÉM NOS QUIS AQUI

Um grande outro, a quem chamamos "Deus", que nos criou a todos e graças a quem cada um de nós pode dizer "eu sou", porque foi ele o primeiro a usar essa expressão, este Ser é quem resolveu um dia nos criar.

Colocou-nos aqui, neste tempo, nesta era, nesta hora, com esses pais e irmãos e neste país. Não o fez por acaso. Quis criar mais uma obra e nos quis felizes.

Nascemos para ser felizes. Deus não cria ninguém para ser infeliz. É nosso primeiro chamado. Nascemos para fazer os outros felizes: é nosso segundo chamado.

Cada um de nós precisa descobrir como ser feliz e como fazer alguém feliz pelo amor, pela convivência, pelo trabalho, pela profissão, pela palavra, pelos gestos, pela fé, pela cultura e por tudo o que pode facilitar a vida do irmão.

Se sei fritar ovos e fazer pastéis, posso resolver o problema de muita gente. É uma forma. Se tiro o espinho do pé do meu amigo, ou do meu cão, e se carrego a cruz com ele, são outras formas. Se entendo de remédios, se opero, se limpo as ruas, se preparo carne, se planto verdura, se dou aula, se fabrico brinquedos, se faço pão, tudo faz parte da minha missão de ser feliz, fazendo o que faço e ajudando o meu irmão a ser feliz com o meu trabalho ou minha capacidade.

Nascemos para ser felizes e fazer os outros felizes. Nossa religião pode nos ajudar nisso. Temos o exemplo de milhares de santos que conseguiram. Temos os ensinamentos da nossa comunidade de fé. Temos nossos livros santos e, o que é mais importante, temos fé.

Feliz daquele que acredita que além da montanha existe mais montanha e além do horizonte há mais horizontes. Para ele ficará mais fácil crer que além desta vida há mais vida. A fé não depende da lógica, mas passa por ela!

DE REPENTE, DEUS...

"Não posso, não devo e não tenho o direito de empurrar Deus para dentro das pessoas."

Primeiro, porque não o entendo o suficiente. Não existem especialistas em Deus e eu não pretendo ser um deles. Existem, sim, especialistas em procurá-lo, o que é bem diferente. Depois, porque, como você, sou um dos bilhões de seres humanos que, um dia qualquer, enfrentará Deus e lhe perguntará: "Afinal, o Senhor é ou não é? Existe ou não existe? É ou não o Pai que todos dizem? Então, por quê?"

Lembro-me, como se fosse hoje, de uma senhora de 72 anos que não gostava de Deus. E, por conseguinte, não gostava de falar com padres. Muito menos com um mocinho inexperiente como eu, de apenas 34 anos, que pretendia mostrar o caminho para Deus. Eu havia dito na palestra que Deus é amor e é Pai... "Você ainda não viveu, mocinho", disse ela. "Se tivesse vivido, saberia que um Deus que sacrifica seu próprio filho nem é Deus nem é Pai. Se existir, que seja apenas Deus. Não gosto do Deus de Jesus Cristo. Prefiro o Deus que não deixou Abraão sacrificar seu filho Isaac. Não entendo nem quero entender isso de Pai e de Filho. Eu não me sinto filha dele."

Ela conhecia religião. E tinha uma história muito dolorosa. Fiquei sabendo dos acidentes dos filhos e do marido que quase a levaram à loucura. Poderia refugiar-se no espiritismo da irmã, que lhe dissera como e onde eles estão, ou poderia escolher o catolicismo da filha, ou o ateísmo do neto. Escolheu apenas brigar com Deus. Sinal de que ainda o amava. Ninguém briga o tempo todo com alguém que não é importante. Fica-se perto de quem se tem alguma admiração. Deus era importante para ela. E era tão importante que, não o vendo, escolhia brigar com seus "representantes". E ela disse a palavra com enorme sarcasmo.

Falou quase duas horas com amargura e ironia. A velha espanhola sabia do que estava falando. Sou de falar pelos cotovelos, quando escolho defender um ponto de vista, mas naquele dia fiquei quieto. Aprendi mais sobre a Guerra Civil Espanhola em duas horas do que em todos os anos de escola. A velha senhora tinha razão. Deus a machucara. E agora ela brigaria com ele por toda a vida.

Três anos depois, soube que morrera. E morrera num hospital católico, cativada pela ternura de uma sorridente religiosa. Teria dito antes de morrer: "É muito ruim brigar com Deus. E ele me venceu porque ficou quieto. Mas eu sobrevivi porque não me calei".

Era muito sábia. Pior para mim, que só a escutei uma vez. Teria aprendido muito com o seu quase-ateísmo, que, no fundo, era mais cristão que meu discurso de padre. Ela brigara com Deus por causa dos filhos de ambos: de Deus, que os levara, e dela, que os perdera...

IGREJA DE UMA NOTA SÓ

Quem foi chamado a anunciar uma religião não pode temer a reação que causa nos irmãos e nas várias correntes de sua Igreja, quando acha que deve expressar sua opinião. Quem anuncia Jesus não pode esperar aplauso de todos. Nem Jesus o recebeu. Tem de aceitar ser criticado e admoestado também. Pode até acontecer de ser deturpado no que disse, por parte dos descontentes. Não gostando do que ouviram, modificam o sentido do que leram e põem na boca dele o que ele não disse. Acontece em todas as Igrejas.

Ao longo de meus quase quarenta anos de conferências, escritos e pregações, recebi artigos, cartas, bilhetes, telegramas e, com o advento da Internet, *e-mails* de gente agressiva, querendo que eu me cale porque não apoio esta ou aquela devoção, este ou aquele pregador, esta ou aquela corrente. Acho que as pessoas devem falar e quem fala deve ouvir os outros. Por isso acolho e até publico as críticas que são enviadas aos meus programas de rádio ou às revistas para as quais escrevo. Não mostro só os elogios que me fazem. Seria desonesto.

O que mais incomoda meus leitores é minha firme luta contra os defensores da Igreja de uma nota só. Combati os que só falavam de política e os que só mandavam rezar. Mais ainda, quando davam a entender que a política ou a oração resolveriam tudo na Igreja.

Quanto a "só louvar", sustento o que disse. Sou tanto a favor de canções de louvor, que das minhas mil e quinhentas canções pelo menos duzentas são de puro louvor. Mas afirmei e torno a afirmar que precisamos cantar outros aspectos da fé e não "só louvor", porque nossa Igreja tem uma doutrina muito rica de conteúdo e é uma pena que seus padres e leigos, que mais chegam ao coração do povo, só cantem esse tema. Já disse isso pessoalmente a todos os cantores que encontrei e continuarei repetindo. E não estou sozinho nisso. Os bispos estão pedindo a mesma coisa. Ser cristão é fazer muito mais do que louvar a Deus. A quem mais se deu, mais se pede. Começo a ver mudanças. Melhor assim!

Não sou de amenizar o que digo. Sustento que há canção de louvor demais na Igreja. E se meus quase quarenta anos de canções valem alguma coisa, fico com os bispos, que pedem que cantemos sobre outros temas da fé. Disse e repito: os cantores católicos estão devendo mais canções catequéticas ao povo de Deus. Repetirei isso até incomodar. Acho que tenho esse direito! Não comecei ontem. Tenho visto e sentido aonde leva a canção religiosa! Seria uma pena se só se cantasse política ou só cantos de louvor, o tempo todo. É como pregar apenas sobre um tema da Bíblia e, de propósito, ignorar os outros. O povo acabaria não conhecendo nem cantando os outros aspectos da nossa fé. Para mim, o cantor é um catequista. E, pelo que sei, catequista aborda todos os temas da fé.

RELIGIÃO E COERÊNCIA

Uma das coisas mais fáceis do mundo é pertencer a uma religião. Uma das mais difíceis é praticá-la de verdade. Porque as religiões abrigam pessoas honestas e coerentes, que falam e fazem; e também pessoas medíocres e desonestas, que falam e elas mesmas não fazem. Jesus combateu com severidade esse comportamento. Suas diferenças com os fariseus vinham daí. Pregavam uma religião que não viviam.

O que faz uma pessoa ser religiosa, mais do que ter sido admitida e pertencer a um grupo, são sua coerência e sua capacidade de amar conforme o projeto daquela determinada religião. É assim que se entende o amor. O que faz uma religião merecer esse nome é o amor. Têm de haver, é claro, um compêndio de verdades fundamentais e uma proposta de vida, mas o que é preciso é ter caridade. Sem isso, uma religião é caricatura. Quem não ama é mentiroso, e quem não ensina a amar é falso.

Há pregadores que falam de Deus, mas vivem como se Deus fosse bobo e não visse o que eles fazem. E há quem fale muito de Deus e quase nunca fale com ele. Pode-se, portanto, falar uma vida inteira de amor sem vivê-lo. Pode-se estar numa religião sem ser religioso: basta mentir a vida inteira.

Sabemos que uma pessoa é verdadeiramente religiosa quando faz de tudo pelos outros; quando quer mudar; quando não tem vergonha de querer bem a quem quer que seja; quando se arrepende de fato ao ver que machucou alguém; quando perdoa quem a magoou, e não apenas uma, mas muitas vezes; quando insiste em servir aos outros, mesmo sabendo que vai se arriscar a sofrer de novo.

A teimosia de fazer o bem e de crer que as pessoas têm conserto e podem ser felizes, a perseverança de mostrar a direção da paz e do amor, a capacidade de sentir com os outros, brigar, se preciso, mas também chorar juntos, tudo isso faz a pessoa religiosa. E se o motivo é a consciência de que Deus é Pai dela e de todos, então, estamos diante de uma pessoa verdadeiramente religiosa. Ela não se desliga nem de Deus nem dos outros. Liga-se e religa-se com o que se passa na vida dos outros. Não para se intrometer, mas sim para ajudar.

As religiões começam a fazer sentido quando buscam a caridade. Jesus resumiu tudo em dois mandamentos: dar a Deus o primeiro lugar e dar ao próximo a mesma chance que damos a nós mesmos. Não nos devemos colocar nem acima nem abaixo. Que cada um goste do outro como gosta de si mesmo. O amor é isso: submissão a Deus e direitos iguais aqui na Terra. O resto é conseqüência.

Quer medir a religião de uma pessoa? Veja como ela ama. Se ela fizer isso bem, então sua religião merece respeito. E ela também. A medida é o amor. Sem isso, tudo corre o risco de ser mentira.

RELIGIÃO ADOCICADA

Nossa religião pode ser salgada, amarga, superdoce ou intragável como purgante. Isso tem muito a ver com os pregadores e com suas propostas de moralidade. Quando tudo é pecado, perigoso, proibido e agressivo, a religião é um purgante. O efeito é desastroso. Se, de repente, nada mais no mundo presta, ela se torna ridícula. Parece que seus adeptos vivem em Marte ou em Vênus. E acaba segregacionista. Não é uma religião para se viver neste planeta. Ignora as realidades daqui. É uma religião salgada, amarga e anti-social.

Mas existe também a religião "água-com-açúcar". Milhares de pessoas se deixam seduzir por essa forma de religião. Cansadas de tanto questionamento, elas rejeitam qualquer pregação que proíba ou condene. Na sua vida pessoal e na sua conta bancária ninguém manda. Querem uma religião mais fácil de digerir. E passam no "supermercado" da fé, escolhem seus sabores preferidos, entram num templo que se especializa em mensagens "cor-de-rosa", e lá um pregador prepara o suco de vitamina espiritual ao gosto do freguês. Se for coisa gostosa de ouvir, calmamente e repousante, elas até pagam bem. Para elas, religião tem de ser um anestésico. Entram na igreja para saírem calmas, respirando aliviadas, depois de sentir o tapinha nas costas: "Você é legal. Deus ama você".

Tais pregações "sabor menta" ensinam que desde que você se sinta bem, ame e faça caridade, o resto é permitido. Sua vida particular é sua. O que você faz com ela é problema seu. As pessoas vivem assim sua bondadezinha de cada dia, seguras de que o país não precisa mudar, os ricos não têm de repartir, seus negócios não precisam ser honestos e religião que é religião não deve se meter em assuntos de política e economia. Caridade é dar esmolas para os pobres e só isso. Justiça para todos, leis que sirvam a todos e punição para os corruptos não é coisa de se falar em igreja. Se cada um fizer sua caridade, o mundo dará certo. E elas fazem as suas. A vida sexual é assunto particular de cada pessoa, dispensando-se os conselhos. A mesma coisa acontece com a vida amorosa. A moral não deve se meter nessas áreas tão pessoais da vida.

Quem pensa que tais grupos são poucos não viu o que anda acontecendo nas grandes cidades. Pressionados por proibições de todos os lados, machucados e esmagados pelo tamanho dos problemas da vida moderna, esses grupos querem uma religião que não exija, não confunda e não imponha. Que explique direitinho e prometa salvação em troca de alguns gestos, alguns encontros e alguma ajuda em favor dos pobres. Mas nada de moralismo ou pressão. A vida deles é deles. Se o casamento não deu certo, quem decide se o casal deve parar ou continuar são eles. Se quiserem certas experiências, e se o que desejam não é ilegal, por que não? E aceitam os rituais em troca da liberdade de se sentirem bem.

É lá que foram parar muitos ex-católicos, ressentidos com a pregação sociopolítica da sua Igreja. Sentem-se bem lá e olham com mágoa a Igreja da qual fizeram parte. Acharam uma fé que não proíbe, não "força a barra" e tranqüiliza. Saem de lá respirando aliviados.

Lembro-me de um casal que me disse textualmente: "Podemos até estar na religião errada, mas lá a gente se sente livre para fazer o que quiser. Lá ninguém proíbe nada. A gente se sente respeitado e filho de Deus...". Detalhe: na casa deles, a empregada estava proibida de trazer os filhos consigo para o trabalho e só podia almoçar depois que a família almoçasse... Tinham trocado de aro, mas continuavam míopes.

PUNIR SEM MATAR

Religião é, antes de tudo, a busca sincera e permanente da grande verdade no meio das muitas outras que existem na vida. É também a proclamação dessa verdade.

Ser religioso implica a busca insistente e corajosa da justiça e da paz na Terra. E essa busca não será satisfatória sem o exercício da misericórdia. Nem haverá misericórdia sem justiça. Além disso, é importante que ambas sejam bem dosadas, pois o excesso as descaracteriza e não educa.

Assim, surge a noção de pecado e de perdão. Se uma pessoa comete um erro, mas não tem culpa, não é pecadora. Se for culpada, errou e pecou. Se não pecou, mas, mesmo assim, seu ato foi errado, precisa reeducar-se para a justiça. Já o pecador precisa de justiça e de misericórdia, porque, se for apenas punido, nunca será reeducado. O castigo, por si só, não melhora ninguém. Só a punição dada com amor de quem explica e concede novas chances é que pode converter uma pessoa. Ela se consertará no dia em que compreender o quanto Deus foi amoroso com ela. O medo não aproxima ninguém de Deus. E, longe dele, erra-se de novo.

Foi isso que Jesus veio ensinar. O Deus que castiga também educa. Ele é muito bom, mas não aceita o pecado. Quer conversão, mudança de vida, justiça e paz entre as pessoas. A gravidade do pecado está em querer pecar. Esse é o grande desvio da fé e da personalidade. Deixamos de ser pessoas íntegras quando conscientemente insistimos no erro.

É possível pecar sem querer. O ato continua errado, mas a pessoa pode não ter culpa, por não saber discernir o certo do errado. A misericórdia é imediata para quem errou sem saber o que fazia. Já para quem foi culpado e estava consciente de seu erro, tem de haver punição mais forte e educação maior da vontade. Essa pessoa pretendeu ferir alguém ou algum costume, e escolheu a si mesma em detrimento do direito de outros. Por isso, é culpada e responsável pelo que fez.

Na Igreja Católica, a doutrina do perdão está associada à doutrina da justiça. Não é certo perdoar sem educar. Quem torturou, seqüestrou e machucou não pode ficar sem castigo. Mas a punição não pode ser raivosa, suja e cruel como o crime. Tem de ser forte, mas misericordiosa. Por isso, a pena de morte é injusta. Não educa o culpado, nem evita que se cometam os mesmos erros. Se uma sociedade que se diz cristã não possui outra resposta além da morte para quem foi longe demais, fracassou e é um fiasco. Não civiliza nem é civilizada. Justiça, sim, e sempre. Misericórdia, também. Esta até pode ser em dobro, mas a justiça, nunca. Que os juízes e a lei não sejam brandos ou duros demais.

E que a misericórdia seja mais forte que a justiça e, por isso mesmo, mais educadora. Que haja sempre espaço para o arrependimento. Destruamos o pecado e salvemos o pecador. Essa é a doutrina de Jesus de Nazaré.

SE AS IGREJAS SE CALAREM

Trabalhadores com fome, pais de família sem trabalho.
Se as Igrejas se calarem, as Igrejas pecarão.

Menores abandonados, crianças cheirando cola.
Se as Igrejas não falarem, as Igrejas pecarão.

Erotismo contra a infância, violência na TV.
Nudismo por toda parte, nas praias e nas novelas.
Tortura, roubo e seqüestro, corrupção nos governos.
Gente sem terra e sem teto, crianças fora da escola.
Hospitais desativados, doentes não atendidos.
Chacinas e genocídios, guerras por causa de terra.
Fanatismo religioso, religião ferindo a outra.
Se as Igrejas se calarem, as Igrejas pecarão.

Revistas de erotismo, na mão de nossos meninos.
Trabalho escravo no campo, salário quase de fome.
Aposentado com fome, impostos altos demais.

Juros pela estratosfera, neoliberalismo em alta.
Se as Igrejas se calarem, as Igrejas pecarão.

Adolescentes que matam, adultos que vendem droga.
Aborto legalizado, colonos assassinados.
A ordem desrespeitada, invasões por toda parte.
Se as Igrejas se calarem, as Igrejas pecarão.

No passado muitos padres se calaram, quando judeus eram agredidos, índios e negros, escravizados. E houve até quem achasse textos bíblicos para justificar invasão de terras e países e massacres de infiéis. Hoje temos de pedir desculpas pelo que nossos antecessores fizeram e jurar que nós não o faremos.

Sei que muitos católicos preferem que o padre não fale desses assuntos, mas sim de louvores, milagre e salvação. Mas como leio os documentos de minha Igreja, sei que não é possível pregar o Evangelho sem pregar a justiça e os direitos humanos.

Se, por causa disso, eu perdesse os ouvidos do meu povo e ninguém mais viesse me ouvir e se eu tivesse apenas vinte a trinta católicos na assembléia, ainda pregaria a mesma coisa. Não mudaria meus temas, nem meu discurso para ter mais ouvintes. Não importa se, em razão disso, eu não tivesse muitos ouvintes. Jesus também não os tinha e houve um tempo em que até seus colaboradores acharam sua fala dura de engolir. E ele perguntou aos que ficaram se eles também não queriam ir embora!

Penso que uma Igreja que não reza, não merece o nome de Igreja. Mas penso também que uma Igreja que se cala diante da dor e da injustiça, e não faz nada de concreto para mudar uma situação política e injusta, também não merece o nome de Igreja.

No meu dicionário, religião rima com oração, mas também rima com pão e com libertação!

SIM, EU ACREDITO EM ANJOS

Sou um desses cristãos que pensam, oram e aceitam a Palavra de Jesus como certa. Por isso acredito em anjos. Se os negasse, estaria dizendo que Jesus não sabia das coisas, posto que ele mesmo falou dos anjos e disse que eles existiam. Se Jesus disse isso, quem sou eu para negá-los?

Mas é claro que sei a diferença entre crer nos anjos e crer em qualquer anjo. Eu também não creio em qualquer pessoa. Há religiões e livros que falam dos anjos associados a horóscopo, a lugares no céu, a minutos e horas do dia e a salmos da Bíblia.

Falam de anjos que só atendem às 11h28, e só ajudam se rezarmos determinados salmos. Falam de anjos de cada país e até dizem o nome dele. Se o cidadão quiser, é só ir lá e pagar. Não sei onde eles acham essa informação, mas acham!

Conheço uma católica que pagou quinhentos dólares para saber o nome dos anjos dos cinco membros da família. Nesse tipo de anjo não acredito. Mas creio que há seres que não são humanos, não se parecem conosco e se manifestam a mando de Deus. Se eu negasse isso, teria de negar os patriarcas, os profetas, os salmos, Jesus, Maria e os apóstolos, a quem os anjos apareceram.

Meu catolicismo inteligente não vai tão longe. Eu ainda acredito em mistérios. Ainda aceito crer no que nunca vi. Mas fico com os anjos da Bíblia e reservo-me o direito de duvidar de outros que dizem ver e falar com os anjos. Se for verdade, melhor para eles, mas fico com a Bíblia.

Nunca me interessei em saber o nome de meu anjo. Para mim, basta que ele saiba o meu. E não acho que ele vai ficar muito infeliz nem vai deixar de me proteger, só porque não sei como é que o chamam lá no céu. Posso admitir que existam mistérios entre os que moram no céu, mas não engulo facilmente os decifradores de mistérios que residem na Terra. Anjo que só atende a gente por vinte minutos é demais para a minha cabeça!

NEM ÚNICOS NEM PERFEITOS

Acredito em um Criador que fez o universo, cada astro, planeta, asteróide, estrela, cometa, todos os corpos siderais. Acredito que Deus criou anjos, mas tenho minha forma de crer neles. Não creio em tudo que se diz sobre anjos nesses livros que enchem as livrarias.

Anjo que só atende pelo Salmo 101 ou 92, anjo que só atende das 11h às 12h. Anjo que só cuida do Brasil, ou que só cuida de Israel; de plantão para os geminianos... Nesses, eu não creio, mas creio que Deus tem mensageiros que já existiam antes e existem agora e não são humanos. Acredito no ser humano; porém, não creio que somos os únicos seres inteligentes do universo. Pelo contrário, acho que, como criação de Deus, ainda somos imaturos.

O ser humano é um animal inteligente que esquece depressa os seus erros, aprende novos e nunca esquece os dos outros. Não tenho a pretensão de achar que Deus criou filhos apenas no planeta Terra, em comparação com esse universo imenso. Acho que o Criador lotou o universo de seres capazes de conhecê-lo e de aceitarem sua comunicação.

Se ele mandou seu Filho lá para outros lugares, eu não sei; mas sei que, se precisasse, ele mandaria. O que sei é que, na Terra, milhares de homens e mulheres se disseram e se dizem enviados dele, gostam de falar em seu nome, citam os livros de suas religiões e os explicam a seu modo, garantindo que aquela explicação é a única possível e verdadeira, porque Deus está com eles, e com seus fiéis ouvintes, e não está com os outros.

Alguns chegam a gritar em praças públicas, em megafones, que são filhos de Deus e o resto, nós, criaturas... Sentem-se mais do que os outros e acham que sabem mais sobre Deus. Sentem-se também mais santos. Querem que todos vivam como eles, porque acham que vivem como o Criador quer.

Neste mundo de milhares de religiões, cada uma querendo ser a melhor e a mais verdadeira, há algumas pessoas religiosas que acreditam numa determinada religião, mas sabem conviver com as demais. São os únicos com alguma chance de entrar no céu.

CULTIVAR O AMOR

Em geral as roseiras produzem rosas por muito tempo e, enquanto vivem, raramente param de florir. Roseiras improdutivas são exceção. Em geral, quando isso acontece, a responsabilidade é do jardineiro que não soube podá-las ou cultivá-las.

O casamento é como uma roseira no meio de tantas outras. Supostamente, deve produzir frutos para a sociedade em que vive. Ninguém se casa para brincar de morar a vida inteira numa ilha chamada lar. Casamento é para ser partilhado. Seus frutos não pertencem apenas aos dois. Por isso, aqueles que não sabem respeitar as amizades, a vocação ou a profissão do outro não se casam de verdade. Não há sentimento mais cruel do que o egoísmo de querer o cônjuge só para si. No mínimo, é uma atitude doentia.

Roseiras abafadas, em lugares sem luz e sem água, mirram, secam e morrem. Precisam de espaço para serem viçosas. Elas têm, também, espinhos pungentes. Pior para quem não sabe respeitá-las ou tocá-las.

O casamento é assim e quem o desrespeita, o fere. Morre à míngua ou torna-se improdutivo, quando egoístas se apossam dele. Mulher alguma pode ser propriedade de um homem e vice-versa. Se há entrega, é porque se possuem. E precisam doar-se, renovar os votos e as juras todos os dias, até que se tornem uma segunda natureza. A certeza de viver um sacramento consiste exatamente na confiança que um inspirou ao outro de que aquilo que plantaram não era uma semente qualquer. Um leve ciúme é até um galanteio. Quando, porém, é doentio, machuca e destrói o relacionamento.

No fundo, certos casamentos parecem obra de jardineiro maluco, que planta rosas no seu quintal, mas coloca muros altos para que ninguém as veja, e não admite dá-las ou vendê-las. Quer tê-las para seu deleite pessoal, simplesmente por prazer. Bonito, mas inútil. Um casamento torna-se sacramento apenas se os dois se preocupam em criar, cada dia, motivos para um reencontro.

Se os dois são como uma estrada que se bifurca e se reencontra a cada trecho, levando ao mundo a força que vem de fora e a que sai de dentro, o amor verdadeiro transforma-se em sacramento. Basta que os dois assumam a grande renúncia do casamento, que é uma das experiências humanas mais difíceis de ser vivida. São dois universos se cruzando, sem que percam suas características, nem se diluam e desapareçam. É a conta matemática mais desafiadora que existe, porque a soma de cada um não resulta no número dois, como seria o normal. O resultado é um, dois, três ou mais, para que ambos continuem sentindo-se um ao infinito.

Falar é bonito, mas fazer é difícil. É como plantar roseiras. Quando os espinhos começam a machucar, há jardineiros que desistem: não acreditam que as luvas possam ajudar.

QUEM AMA CONFIA?

Não necessariamente. Pregador de uma religião e habituado com a palavra, descubro que palavras bonitas nem sempre significam verdades sacrossantas. Aprendi que os ditados: "Tal pai, tal filho", "Um é pouco, dois é bom, três é demais" e "Quem ama confia" nem sempre, na prática, se concretizam. A sabedoria popular nem sempre é sábia. Contém muitas inverdades. Precisamos todos de muita humildade para repensar as verdades que julgamos inquestionáveis.

Uma das verdades que aprendi ultimamente, de maneira até dolorosa, no trato com pais e filhos, é que o ideal de amar e confiar nem sempre funciona. Milhões de pessoas, por mais que amem, não conseguem confiar na pessoa amada. Não é que não amem direito. Amam muito e, mesmo que quisessem, não deixariam de querer bem ao filho, ao pai, ao amigo ou ao namorado. Mas, em algum lugar de suas vidas, perderam a confiança que tiveram. Gostariam de uma conversa, um abraço e até um colo, mas alguma coisa não deixa. Não é nem questão de perdoar algum erro. O perdão até já foi dado. Está tudo bem, e os dois sabem que o amor existe. E, contudo, não confiam. Pais e filhos sabem do que estou falando.

Quem ama, às vezes, perde a confiança e demora a reencontrá-la. É a mãe que nunca mais poderá confiar no filho que usou drogas, na filha que engravidou, na outra que a enganou por anos. É a esposa que não consegue mais confiar no marido em razão daquele caso nunca esclarecido a contento. É a dúvida atroz da moça que ainda gosta do rapaz, mas acha difícil crer que ele não repetirá aquelas atitudes; e vice-versa. É a jovem que me vem dizer que gostaria, mas é muito difícil se confessar novamente com aquele padre, não depois daquela agressão. Perdoar e voltar às boas é uma coisa. Confiar pra valer é outra.

A confiança é um vaso de porcelana. Não quebra quando sabemos onde guardá-lo e de que jeito manuseá-lo. Rompido ou estilhaçado por um abuso ou um descuido, é até possível repará-lo. Mas isso é trabalho para pessoas sensíveis e dispostas a gastar o tempo e o esforço necessário para refazê-lo. Nem todas conseguem. É uma alegria para os pais que reencontram a confiança de ontem; para os filhos que redescobrem que seus pais mudaram de verdade; para os amigos ou namorados que provam que realmente o pesadelo acabou de uma vez por todas. Se ainda vale a pena, se ainda existe aquele amor paterno, amigo, filial ou conjugal, então o amor volta a ser feito também de confiança.

Rezo por todas as pessoas que se amam, para que jamais percam a confiança umas nas outras. Perdida esta, vem a tempestade.

Dias atrás, uma garota me disse: "Adoro meus pais, mas não confio neles". E os pais diziam o mesmo a respeito dela.

Amor sem confiança ainda é amor, mas é amor trincado e ferido. Feliz de quem volta a se mostrar confiável e de quem volta a confiar. No próximo risco de tempestade, saberão o que fazer. Sem confiança qualquer amor balança.

EROS, ROMANCE E TERNURA

Num dia desses, arrume um tempo, ouça a esmo e, se quiser, pare em Carlos Galhardo, Orlando Silva, Silvio Caldas, Cascatinha e Inhana e nos cantores sertanejos e seresteiros de trinta, quarenta ou cinqüenta anos atrás. Canções como *A rosa*, *Meu primeiro amor* ou *Chão de estrelas* dão uma idéia do amor de ontem. Se as canções espelham uma época, então aquele era um amor tímido, cheio de veneração e repleto de poesia, que se enrubescia diante de um palavrão ou qualquer palavra chula.

Em circunlóquios, o amado falava à amada sobre flores, pássaros no céu, orvalho, pés que, distraídos, pisavam estrelas e barracos salpicados de estrelas. Em resumo, ela era uma deusa quase inacessível, a quem ele pedia a licença de amar e adorar, para que, um dia, merecesse ser eternamente dela. Não se falava de sexo. Com discrição, falava-se do corpo, mas de maneira tão casta e cuidadosa, que "abraço" era "amplexo" e a intimidade ficava para a imaginação dos ouvintes, porque tudo era sagrado. Não se cantavam as partes sexuais, nem as descreviam. Falava-se, quando muito, de traição, prostituição e desvios de comportamento, mas sempre com eufemismos.

Acabado o romantismo, entrou a canção pesada, que descreve, canção após canção, e de maneira crua, a relação entre os dois. Centenas de sertanejos, sambistas e roqueiros "lascam" o verbo, dizendo, em claro e bom som, como, onde e com quem fizeram sexo. O amor existe, mas não é tímido. Descaradamente se vai ao assunto. Não é de admirar que a maioria das rimas das canções sertanejas e dos sambas tem "ama", "chama", "cama".

Se as canções revelam uma época, então a atual não acredita em pudor, porque a música popular brasileira o perdeu há muito tempo. Muitas canções impróprias para menores são tocadas em programas infantis. É só ouvir o que as crianças andam cantando em alguns programas de televisão.

Talvez antigamente fosse uma época mais honesta. Deixava claro o que pretendia em prosa e verso. Talvez o romantismo fosse uma atitude mais profunda, mais respeitosa e mais familiar de propor. Seja como for, seria melhor para as crianças ouvir mais poesia e menos sexo. Entretanto, o romantismo ensaia um retorno. E quando voltar, a indústria do erotismo terá de se reciclar no mundo inteiro, porque o amor tímido e respeitoso é muito mais eterno do que isso que está aí. Sem os tabus de ontem e sem as bandeiras de hoje, a religião pode e deve ajudar a volta das canções de amor sereno. São bem menos neuróticas do que as canções eróticas.

Os libertadores já cumpriram sua tarefa: alforriaram as pessoas do medo da sexualidade. Agora, que ajudem a libertá-las de tanta baixaria...

COMO A LUA ÉS TU, MARIA!

Como lua, que não tem luz própria,
a luz que tens não é tua.
Teu brilho é o do sol Jesus.

Como a lua, que de noite nos transmite a luz do sol,
assim és tu, Maria,
que, nas noites desta vida,
jogas sobre nós o brilho do teu Jesus.

Coroada de estrelas que brilham ao teu redor,
lembras a quem olha o céu da fé
e te vê a brilhar com o brilho de teu Filho,
que ninguém precisa ser um sol nem ter brilho próprio
para iluminar este mundo.

Basta que sejamos um planeta ou um satélite
no lugar certo e na hora certa.
O brilho que nos atingir tocará os outros.

Ensina-nos a brilhar como brilhas.
Mostra-nos que não é o nosso brilho pessoal,
mas o brilho de Jesus que iluminará nosso povo,
por meio de nós, se nos deixarmos iluminar.

Iluminada e iluminadora és tu, Mãe de Jesus.

Ensina-nos a iluminar
e a deixar que Jesus nos ilumine! Amém.

SILÊNCIO QUE MACHUCA

Foi duro o silêncio de Maria. Tinha algo a dizer que não podia ser dito, porque jamais seria compreendida! Por mais bondoso que José fosse, ele era o noivo. Como iria entender que a mulher com quem prometera se casar estava grávida, e não houvera traição? Não compreenderia, como não compreendeu. E Maria não disse nada. Rezou e esperou. Não foi um silêncio fácil, nem para ela nem para José. Agora, de longe, parece tudo muito santo e muito bonito. Lá, naqueles dias de silêncio, foi um tormento doloroso para os dois. Para ele, porque tudo apontava para a infidelidade, por mais que amasse Maria e quisesse crer na pureza dela. Para ela, porque, por mais que explicasse, não se faria compreendida. Os evangelhos deixam isso muito claro.

Ninguém de nós entende aquele silêncio, a não ser que passe pela experiência de ter de ficar quieto, calar-se, não poder falar, porque o falar implicaria maior sofrimento para nós e para os outros.

É duro o silêncio de quem não pode falar, nem mesmo para explicar. Milhões de pais, mães, filhos e filhas tiveram de calar-se a ponto do martírio, porque o falar causaria dor aos outros. Milhões conhecem a tortura do silêncio. Se pudessem, explicariam tudo. Mas não podem, porque o falar significaria machucar alguém que não resistiria. É assim o silêncio de psicólogos, de leigos envolvidos com casos delicados de droga ou desvios graves de comportamento; é assim o silêncio de padres e religiosas; é assim o silêncio de pessoas de fé que, quanto mais se calam, mais parecem consentir, e mais razão dão aos boatos que se assemelham a fatos.

Não sabe o que é martírio aquele que não teve de engolir seco sua verdade. Uma palavra o defenderia, contudo, ela não pôde ser dita. E os amigos vão rareando. As pessoas acham que onde há fumaça há fogo. Por mais solidários que se mostrem, uma pontinha de dúvida fica. O difamado ou caluniado nunca tem defesa. Por mais inocente que seja, não há o que dizer, porque onde foi o boato não vai o fato.

Maria fez o certo. Calou-se e deixou tudo nas mãos de Deus. Seja como Deus quiser! E não disse mais nada.

Quando tivermos de guardar algum enorme silêncio, porque faria bem a nós e mal a outros, guardemo-lo. O Deus que pôs a luz no ventre de Maria também a pôs na cabeça de José. É rezar, pedir luz e assumir a cruz. Afinal, nenhuma palavra faz sentido sem o silêncio que a acompanha. Nós, cristãos, deveríamos entender esse mistério. Deus é comunicação, mas o que ele mais comunica é silêncio. E todos os que disseram alguma coisa de útil em nome dele precisaram primeiro entender esse silêncio. Perguntemos aos profetas, perguntemos a João, perguntemos a Jesus. Ninguém fala bem de Deus, se nunca ficou quieto em nome dele.

PARA REPENSAR AS MÃES

As mães, em geral, são carinhosas, atenciosas, cuidadosas, caprichosas, misteriosas, amorosas, caridosas, curiosas e, quando preciso, teimosas, responsáveis, amáveis, adoráveis, abraçáveis, beijáveis, maleáveis, indomáveis, macias, ajustáveis e, às vezes, indecifráveis.

Suplicantes, orantes, estonteantes, edificantes, aconchegantes, impressionantes, tonificantes, apaixonantes e, às vezes, implicantes.

Indescritíveis, incríveis, imbatíveis, inconfundíveis, imprescindíveis e, às vezes, irredutíveis: "Não é não!"

Encantadoras, educadoras, trabalhadoras, incentivadoras, espectadoras e, às vezes, dominadoras.

Intuitivas, emotivas, sensitivas, persuasivas, adesivas, pacientes, espertas, conscientes, corujas e, às vezes, grudentas.

Mal-amadas, bem-amadas, sacrificadas, esmagadas, angustiadas, torturadas, neuróticas, exploradas, mas sempre procuradas: "Mãe, me dá aquilo"; "Mãe, vem cá"; "Mãe, vai lá". Pobres mães martirizadas...

O que seria do mundo sem elas? Reclamam do cansaço de ser mães, mas quando as mandamos descansar, elas reclamam que não lhes damos valor e não as deixamos cuidar de nós.

Mãe é um ser de outro planeta. Elas nasceram no planeta Terra, mas, depois da gravidez, mudam para o planeta Amor!

As mães não dormem direito, porque dormem com um olho aberto; não comem direito, porque pegam o pedaço menor; e quando acabam de servir a família, a comida já esfriou.

Não descansam direito, não se cuidam, só pensam na gente e, de repente, a gente cresce... E esquece!

Desculpem-nos, mães... Vocês eram tão lindas! Depois a gente estragou vocês um pouco. Mas, se querem saber de uma coisa, para nós vocês ficaram mais bonitas do que quando namoravam nossos pais. E, se aquele espelho disser outra coisa, nós o quebramos. Porque mãe é mãe!

Fofa, aconchegante, tonitruante, deliciosamente implicante, encantadora, acolhedora, macia, divina e maravilhosa...

DESCULPE-ME, MÃE!

Pelos pratos de sopa no seu peito, pelas colheradas no seu olho, pelas golfadas de leite no seu vestido de missa, pelos beijos sujos de chocolate... desculpe-me, mãe.

Pelo seu vaso de flor preferido que eu quebrei, pela sua aliança que joguei no ralo, pelos sustos que lhe dei, um depois do outro, pelas noites que eu passei chorando e você acordada... desculpe-me, mãe.

Pelas palavras malcriadas; aquele meu jeito moleque de ser, que tantas vezes a machucou; o adolescente que eu era; a ingratidão daquele dia em que você pediu um carinho e eu fugi. Pelas mentiras que eu disse, sabendo que a feria, pelas vezes em que lhe achei chata por pegar no meu pé... desculpe-me, mãe.

Por ter voltado menos vezes do que devia e por achar que eu não tinha mais nada a aprender com você... desculpe-me, mãe.

Por não entender o seu processo de envelhecimento... desculpe-me, mãe.

Acho que nunca conseguirei entender o que é ser mãe. Felizmente, você o sabe. E é por isso que olho para você e, com um imenso "desculpe-me!", grito feliz o meu obrigado. Eu nem sempre soube ser filho, mas, para sorte minha, você nunca se esqueceu de ser mãe. E hoje, embora não seja dia das mães, deixe-me dizer uma coisa: "Feliz Dia das Mães!"

*Redescobrir a graça do começo do amor
é um grande dom.*

A GRAÇA DO CASAMENTO

A graça do casamento é a mesma graça do namoro, apenas mais trabalhada e mais consciente. Casar é uma das experiências mais bonitas, mas também das mais difíceis da vida: exige renúncias, o que muitas pessoas não gostam de fazer, nem mesmo por um grande amor. Além disso, é preciso achar graça um no outro. Eis por que muitos casamentos fracassam. Falta a outra dimensão fundamental do casamento: a graça. E graça, só com espiritualidade e comunhão, que, ao contrário do que muita gente pensa e ensina, também faz parte da sexualidade. Quem não faz amor com a alma faz sexo, mas não comunga. Não formam um casal, apenas um par. São como dois bailarinos que dançam juntos e não se entendem. O coração vive de sentimentos e impulsos, mas, se a razão não "assina embaixo", o amor fica sem graça. Sentir prazer na hora de unir os corpos e não sentir o mesmo numa conversa na hora de unir as cabeças, não sabendo nem se alegrarem juntos, é meio caminho para a desgraça, porque o coração apreende, mas a razão compreende. E a graça está em compreender. Por isso, quem não ama com a cabeça, casou-se apenas em parte. Não vive a compreensão.

A paixão é imediatista e limitada. O amor é mais abrangente. A paixão adora alguns aspectos da pessoa; o amor vê graça na pessoa inteira. A paixão só vê graça em certas coisas; o amor é gracioso. A paixão é cheia de gracinhas, depois, perde a graça.

Aquela coisa de instinto animal e paixão violenta é somente ficção. Na vida real, quem não pensa e não tem juízo mata seu casamento.

Amor refletido e sereno, que confirma a paixão, este sim segura duas vidas juntas. Se for para durar, tem de ter a razão no meio. É o diálogo que dá graça aos dois.

Falta graça para o casal que não conversa. Quando não há mais compatibilidade e compaixão, quando cada encontro é fonte de agressão, quando há mais críticas e ironias do que sorriso e ternura, fica evidente que a desgraça entrou nesse casamento. Redescobrir a graça do começo desse amor é um grande dom. Por isso, foi e continua sendo bonito ver um casal avançado em anos e cheio de elogios e boas maneiras. Conservaram o casamento vida afora ou redescobriram a graça dos namorados, quando tudo era enlevo, esperança e curiosidade.

O divórcio é sempre uma perda. Não faz sentido agredir os divorciados. A vida já lhes dói o suficiente. Nisso, até eles concordam. Não deu certo porque ambos ou um dos dois perdeu a graça do namoro...

AMOR AO PÉ DO ALTAR

Existem rios que não secam, nem suas águas diminuem, porque de onde eles fluem há uma fonte perene. Existem riachos tão limpos, que, mesmo que alguém os turve, em pouco tempo se limpam, seu leito não vem da lama.

Existem amores tristes que já não são mais amores. Não deu certo aquele "sim". Arrastam sua existência sem saber qual o seu fim. Eu, por mim, ainda creio nos amores mais serenos, que não nascem de repente, mas que foram cultivados, passo a passo, palmo a palmo, tranqüilos e sem veneno, pensados, dialogados, orados e acompanhados.

São amores sem ameaças, sem "dá cá", "quero o que é meu", e que não são possessivos, porque o "nós" é mais que o "eu". Existem amores puros, bonitos de a gente ver. Nota-se que têm ternura, paciência e mansidão. Cede ela, cede ele e quem tiver de ceder, porém ninguém é derrotado, pois não é competição.

O amor, quando é delícia, tem um pouco de malícia, pois não é amor ingênuo; no entanto tem seu lado inocente, insistente, persistente, de apostar que vai dar certo, se o outro estiver por perto, mesmo que venham problemas. O amor supera os dilemas.

Existem amores santos, voltados para o infinito. É o amor mais bonito que se possa imaginar. Os dois se querem com fome. Sonham, misturam seus nomes, seus corpos e corações. Sonham gerar novas vidas. Querem ser parte de um todo, pois acreditam que o céu tem algo a ver com os dois. Alguém maior do que tudo queria os dois numa carne, num encontro de ternura, mergulho de sentimentos, coisa de almas maduras.

Existem bons casamentos e casamentos feridos. Bons quando os dois conseguem ser esposa e marido. Feridos, se um deles erra, e às vezes até os dois. Ele não é para ela, nem ela é para ele, a paz que tanto sonharam.

Não deu certo aquela casa, rachou, fendeu, não protege, não tem mais chance nenhuma, não progrediu, não se rege. Uma das vigas da casa — algumas vezes as duas — perdeu a sua força, não teve paciência, perdeu sua incumbência, não soube suportar e destelhou a sua casa e foi fundar outro lar.

Felizes aquelas pessoas que ainda sonham bonito, dentro de um sonho infinito, maior que os dois sonhadores, pois esses são os amores que acabam dando certo. É que eles sonham de perto, um vendo o outro sonhar. É tão delicioso que, na hora de acordar, querem sonhar mais um pouco.

De sonhos e de esperanças, e de bem-aventuranças, de perdão e sacrifícios, de paciência e ternura e do colo um do outro, o casamento foi feito.

Mas, se vai embora a ternura e vêm as palavras duras, as exigências terríveis e as cobranças impossíveis: "Você não faz nada por mim", "Prove que ainda me ama", "Não vale a pena esta cama", "Não vale a pena nós dois", "Você não é mais aquela ou aquele", é porque acabou o sentimento, acabou o casamento. O barco está naufragando; um dos dois está sobrando; o amor não está queimando, nem mesmo em fogo brando.

Aí a gente se assusta, pois, quando um amor se apaga, duas estrelas se apagam no céu da comunidade. Por mais que se reacendam em qualquer outro lugar, fica a lembrança do barco que não conseguiu chegar.

Que o amor de vocês dois, que é feito de tantos sonhos, tenha um futuro risonho. E se surgirem dilemas, não importam os problemas, vocês irão resolver. Como meus amigos, eu acho que vocês dois são riachos, cujo encontro foi perfeito, e foram limando os defeitos. O que sobrou é bonito e há um amor infinito, brilhando agora nos dois.

E a gente que veio à festa lhes dá um beijo na testa, e os abençoa, serena. Amor assim vale a pena.

RECADO A UM CASAL JOVEM

Que seu matrimônio seja tão bonito quanto vocês dois. Que seja tão puro de sentimentos quanto vocês dois. Que sejam tão sinceros quanto vocês. Que as brigas, se houver, não durem dois minutos, e que depois vocês riam da arrogância e terminem aos beijos.

Que venham filhos, tantos quantos vocês planejarem. E se vier algum extra, que seja bem-vindo. Que não se cansem dos sacrifícios que o amor exige. Que as cruzes sejam doces porque levadas com amor.

Que vocês caminhem lado a lado, aconteça o que acontecer. Que se extasiem ao contemplar um ao outro e aos filhos. Levantem em paz, vivam em paz e durmam em paz, um ao lado do outro.

Que Deus seja importante em suas vidas. Que Jesus seja uma luz constante no seu casamento. Que se perdoem muito e confiem muito um no outro.

Que orem juntos, sempre que puderem e todos os dias, como primeiro e último ato de amor. Afinal, foi Deus quem os fez um para o outro. O passado é passado. O futuro ainda não veio. O presente, vocês fizeram e continuam fazendo.

Seu casamento jamais será perfeito. Vocês não são dois anjos. Mas há de ser muito lindo, muito lindo mesmo, porque o que vocês vivem é um prelúdio do céu. Vivam de tal maneira que, melhor do que isso, só uma eternidade disso.

NÃO SE CASE POR ACASO

Que nenhuma família comece em qualquer de repente. Que o casal não se conheça na segunda e se case na terça. Não importa se se conheceram num bar, desde que não se casem de cara cheia. Que ninguém se case por acaso. O amor é bonito demais para ser acaso a vida inteira. Pode acontecer de o casal se conhecer por acaso, mas casar à toa é arriscar-se demais! Encontros, nem sempre são planejados. Casamento, é melhor planejar. Família não pode ser fruto de impulso. São vidas importantes demais para se brincar de loteria. O risco sempre existirá, como haverá sempre o risco de os aviões caírem. Mas há muita gente séria por detrás de um vôo. Por isso, os riscos são relativamente pequenos. Vôos costumam ser planejados. Sabe-se de onde veio, para onde vai e quais as rotas alternativas. E ninguém vira piloto da noite para o dia. Quem quer voar deve preparar-se.

Imagine seu casamento como um longo vôo a dois: piloto e co-piloto. Os dois, igualmente importantes, precisam de um plano para voar. Obedecem às normas básicas da aviação: não voam de tanque vazio, não saem da rota, checam os controles, ouvem o pessoal de terra, conversam com outros pilotos, conhecem a velocidade-cruzeiro e sabem quando exigir o máximo das turbinas e quando diminuir o fogo. Pilotos aprendem primeiro em terra. Só depois voam. A decolagem é de suma importância. É quando as turbinas estão no máximo de sua capacidade.

Se você não tem certeza, não brinque de piloto. Se não tem certeza, não se case. Adie, peça tempo, peça ajuda, mas não se case só porque tem de se casar. Não voe, só porque tem de voar. Se não confia no conhecimento que tem do painel e dos controles, não voe. Não se case, se acha que não ama o suficiente a pessoa com quem voará pela vida inteira, por entre e sobre as nuvens da vida. Muita gente perdeu a chance de ser feliz e ter alguém especial por medo de se arriscar. Sabiam, mas tinham medo. Muita gente arriscou sem saber, sabendo que não sabia o suficiente, e houve o desastre.

De cada cem aventureiros que ousaram pilotar um avião, sem ter aprendido as leis da aviação, noventa e nove caíram. Voar é complicado. De cada cem aventureiros que se casaram por impulso e sem preparo, quantos deram certo?

Não se case por acaso. Prepare seu casamento, pois ele ficará no ar por muito mais tempo. Talvez, até chegar ao céu...

AMOR E CUMPLICIDADE

Quem ama é cúmplice, deliciosamente cúmplice do outro. Sem a cumplicidade, o amor não é sereno. É verdade que há cúmplices de crime, de assalto e de roubo. Mas falemos da cumplicidade positiva, daquela que, no dicionário, se define como parceria, atitude de quem participa junto.

Amor pode ser encantamento e admiração, ficando só na esfera do sentimento, que se frustra quando as duas pessoas não conseguem conjugar o verbo amar juntas. "Juntos" é a palavra. Por isso, o casamento tem tudo a ver com essa cumplicidade benigna. É que quem casou, acreditou na palavra "juntos".

Quando a mulher tem de ceder, pedir perdão, cuidar dos filhos ou tomar as iniciativas, é porque o homem sabe complicar, mas não sabe ser cúmplice; ou quando ele precisa fazer tudo, é porque ela não toma parte, e o amor está em perigo. No caso deles, não existe o "junto".

A narrativa da origem da humanidade fala da cumplicidade dos primeiros personagens, Adão e Eva, que todo cristão bem evangelizado sabe que não existiram em carne e osso, mas que simbolizam todos os seres humanos. Adão conheceu sua mulher e sobre ela exclamou: "Osso dos meus ossos, carne da minha carne!" O autor diz que estavam nus, mas não sentiam vergonha. Na cumplicidade pura, feita de amor bonito e sereno, não há essa culpa. Mas, quando pecou, defendendo-se, chamou-a de "a mulher que me deste por companheira". Aí, já não era mais "minha". Não tinha mais nada a ver com ela. Acabara a cumplicidade. E

Adão culpa Eva e ela culpa o demônio em forma de serpente. Não se assumiam como indivíduos nem se assumiam um ao outro na saúde, na doença ou no dia do infortúnio. Não havia como um ajudar o outro, porque não se assumiam.

A Igreja Católica insiste muito nessa cumplicidade espiritual, traduzida de maneira linda por Rute, ao falar com sua sogra Noemi: "Não insista, amiga. Não vou embora, não vou deixar você. Onde você viver, também viverei. Seu povo será o meu povo e seu Deus será o meu Deus. Onde você morrer, também morrerei. Somente a morte nos poderá separar" (Rt 1,16-18). O que Rute disse à sogra Noemi por causa do marido, a Igreja espera que o casal diga um ao outro. É como se dissessem: "Estamos neste amor até as últimas conseqüências!" Uma sociedade que faz mais propaganda da separação e do divórcio do que da fidelidade e da unidade; em que, de cada dez casais de novela, nove aparecem em situação de crise e conflito, não pode entender a cumplicidade cristã do casamento. Jesus insiste nela, quando diz que, no começo, não era assim. A falta de parceria e o ir-se embora eram uma concessão de Moisés à dureza do coração humano. Mais, não precisava dizer.

Casamentos sustentam-se com esse viver juntos, amar juntos e sentir juntos. Consentir, realizar as coisas juntos.

Na ânsia de resgatar o direito do indivíduo, atropelaram a unidade e a cumplicidade. Que o casal entenda que é um. Assim, fica mais fácil enfrentar as crises!

FELIZES PORQUE FIÉIS

Caminharam e caminharam. Não brincaram de amor e não brincaram de paixão. Administraram. Por isso é que foi tão bonito. Não brincaram nem de Cinderela e príncipe, nem de príncipe e princesa. Mas nem por isso se esqueceram do sonho e do romance. E não foi um namoro comum. Havia qualquer coisa que os fazia iguais ao que todos os pais e mães ainda sonham ver na filha e no genro, mas diferentes da grande maioria dos namorados, que se esquecem até de quem e de onde vieram. Sabiam o que queriam e sabiam o que esperar um do outro. E quando as dúvidas apareceram, procuraram a sabedoria dos pais e dos amigos de verdade, para saber sobre as dores do amor e da família. Mas não deixaram de guardar os seus segredos, típicos de namorados. Por isso é que foi tão bonito.

Pensaram na nova família que fariam juntos, no aconchego da família de onde vieram. Os pais não se tornaram um problema para os sonhos e a ternura deles. Foram cúmplices e amigos durante todo o tempo. Não ignoraram os conselhos e as preocupações dos pais. Serenos e sadios como eram, vivendo onde viviam e ouvindo o que ouviam, deve ter sido muito difícil agüentarem um namoro que tinha data para acontecer. Passaram por bobos e alienados. Não se importavam. Era importante para ambos. Coisa dos dois. Coisa de quem ainda crê nas leis do amor que vem de Deus.

Amor bonito aquele matrimônio, que foi ficando um sonho e se fez ainda mais bonito do que sonharam. Com Deus e o povo por testemunha, juraram no altar que, acontecesse o que acontecesse, entre dores, tristezas e alegrias, viveriam um matrimônio firmado em Deus, de quem sabiam, com certeza, que viera o seu amor.

O que vai ser daqui a vinte anos, não sei, mas sei que edifícios bem construídos e erguidos em lugar certo dificilmente caem, duram séculos. Rezo, do fundo de meu coração, para que aquele lar dure muitas vidas partilhadas em comum. O resto está na Bíblia e nos livros dos grandes mestres do amor e da espiritualidade.

Achei um casal jovem e sereno. E foi muito bom poder oficiar aquele casamento. Melhor do que isso, só outros casamentos iguais àquele.

Que o Senhor seja a luz e a ternura de todos os que se casam. Que ele cuide dos dois, os leve pela mão e os ponha sempre no colo. E que o casamento, cristão ou não, produza frutos de ternura e paz. Até porque não existe instituição tão capaz de realmente mudar um povo e uma sociedade. Que as famílias serenas, amorosas e sadias voltem a ser o objetivo número um de todos os povos e de todas as Igrejas.

DE VOLTA AO ROMANTISMO

Romântico é tudo aquilo que tem poesia, sonho, devaneio e fantasia. Há a poesia romântica, as histórias de romances, as relações românticas e houve até uma era romântica. Os primeiros humanos e os habitantes das cavernas provavelmente não eram românticos. O romantismo supõe um mínimo de cultura. Os ásperos não conhecem as sutilezas da palavra, dos gestos e do carinho gentil. Por isso mesmo, não conseguem ser românticos. Também não era nada romântico dar as filhas em casamento a quem tivesse poder ou dinheiro. Romantismo e interesse não combinam. Mas, vez por outra, apareciam Romeu e Julieta para modificar a cena, Abelardo e Heloisa, ou jovens que se amavam em sonho e fantasia. Havia os amores românticos impossíveis e havia os verdadeiros.

No todo, porém, o casamento era coisa concreta: trocava-se a mulher por uma vaca, um terreno, um palácio ou uma aliança política. A mulher sempre foi mais romântica. Foi ela quem salvou o amor que sonha. Mas, quando os homens também aprenderam a ficar românticos, nasceu o casamento verdadeiramente livre. Casavam-se porque assim queriam, por escolha pessoal e porque sonhavam que com eles daria certo. Seriam felizes até o fim da vida.

É bem isto: o romantismo é a atitude de crer que aquele amor pode ser e será eterno. Nunca mais haverá retorno, ajudar-se-ão, acharão tempo para o carinho. Ele vai sempre admirar e ser grato a essa mulher maravilhosa e capaz de fazer uma família boa, e ela sentirá orgulho dele e saudade de seu olhar, de seu jeito de falar e de fazer-lhe galanteios.

O romantismo é o amor gentil e atencioso. Se machucar, pede desculpas, pois realmente não tinha a intenção de ferir. Pares românticos costumam se respeitar e se imaginar um do outro e só do outro. O mundo já foi muito mais romântico e amoroso. Por mais problemas e traumas que trouxesse, sem dúvida alguma o amor do casal era melhor quando amar era ainda um mistério e quando se aprendia aos poucos um com o outro a respeito de tudo, inclusive sexo.

Com o advento da era do visual e da indústria do entretenimento e do sexo, os relacionamentos sem conseqüência se alastraram em proporção jamais vista. Os adolescentes e as crianças passaram a ver de tudo, porque as revistas, a televisão e o cinema mostraram muito antes do tempo das perguntas.

Quem achou que prestava um serviço ao futuro, escancarando as portas da alcova, quem achou que, sabendo mais, os jovens escolheriam melhor e sem traumas, enganou-se. Aumentou assustadoramente a porcentagem de mães solteiras, pais e mães adolescentes e contra a vontade, o número de pessoas homossexuais, o número de pessoas feridas em todo o seu ser por amores sem sonho, sem poesia e sem projeto. Encontram-se numa noite e, no dia seguinte, com a rapidez da cena de um filme, já estão se provando fisicamente, sem sequer pensar numa vida a dois. O romantismo pensava. Quem matou o sonho, a poesia e a delicadeza do sexo foram o cinema, as revistas, os livros e a televisão. O erótico venceu, o platônico perdeu; Eros[1] dominou e Ágape[2] encolheu.

O prazer físico ocupou o lugar do prazer espiritual, que o precedia. Contemplava-se primeiro antes do grande encontro. Agora, não mais se contempla. Na civilização imediatista e materialista que criamos, matou-se o buquê cultivado e no seu lugar entrou o "agora, já". Não se espera mais. Ficou ultrapassado. Muitos ultrapassaram com tanta velocidade que a maioria capotou na primeira esquina. Não é que antes não houvesse o amor sem compromisso, claro que havia, mas era exceção. Agora está virando regra!

---

[1] Eros: amor, paixão.
[2] Ágape: amor oblativo.

O CASAL QUASE PERFEITO

O casamento quase perfeito é a união de duas liberdades. O homem e a mulher são livres. Mas o amor é tão forte, que os dois consideram a sua união um bem maior do que a sua liberdade. E renunciam a tudo para ter filhos e vê-los crescer com amor.

Não existe casamento perfeito. O máximo que um casal consegue é um casamento quase perfeito. Um casal chega a isso, quando praticamente tudo entre os dois é harmonioso. Um sabe o que machuca o outro e, por isso, evita palavras, gestos ou atitudes que ferem. Os dois se esforçam para errar o menos possível. Mas, quando o erro acontece, por menor que seja, quem o cometeu sabe pedir perdão e quem foi vítima sabe perdoar. Tudo leva ao diálogo. Tanto o marido como a mulher são gentis e bem-educados um com o outro, e não importa se estão perto ou longe dos outros. Não há artificialismo, não há fingimento, não há faz-de-conta. Seu amor é tão claro, que tudo o que ajuda o amor a crescer torna-se lógico e natural.

O casal quase perfeito tem pecados e imperfeições. Não são anjos, mas as qualidades são sempre mais visíveis. Feitas as contas, os dois têm mais qualidades do que defeitos, mais virtudes do que vícios, mais acertos do que erros. Não precisam se suportar, porque se amam e sentem prazer em estar juntos. Os problemas normais da vida em comum parecem o preço justo a pagar para ter tamanho amor. E a vida torna-se um bem curto e passageiro quando as pessoas se amam. Aproveitam tudo e aprendem com tudo. Até com suas pequenas brigas de reajuste.

Exercício imenso de humildade, o casamento feliz consiste em dizer: "Não posso e não quero viver sem você. Poderia e conseguiria, se eu quisesse, mas seria tolice desperdiçar o que você me dá. Nada vale mais do que o nosso amor. Eu não quero ser livre. Eu quero você por perto". Excluídos alguns direitos, também são assim as amizades perfeitas. Só que o casamento é mais perfeito. É doação maior e vai mais fundo. Mas é, antes de tudo, uma amizade que, de tão boa, desembocou na decisão do casamento. E ai dos casados que não são amigos e conselheiros um do outro. A sociedade atual supervalorizou os direitos da pessoa, em detrimento dos direitos da família. Por isso, os casamentos andam tão imperfeitos: excesso de individualismo e escassez de coletividade. Tirar o máximo de prazer do outro e dar o mínimo necessário é mau negócio. Está longe de ser uma decisão inteligente. E é exatamente o que muitos homens e mulheres andam fazendo. Não servem um ao outro e os dois aos filhos; servem-se um do outro. O divórcio moderno é uma instituição muito velha, tão antiga quanto o casamento infeliz. E tem muito a ver com a insatisfação dos dois cônjuges. Não tem a ver com o amor, mas com o desamor.

Casar é algo divino, porém corre o risco de ser passageiro demais. Se faltar Deus, falta o essencial... Só tem chance o casal que fundou a sua casa sobre a rocha. Nem vento, nem chuva, nem contratempo algum irá derrubá-la, porque os construtores queriam que ela durasse. E souberam construí-la. É desses casamentos que um povo precisa: sólidos como a rocha; fortes, muito fortes. O casal imperfeito demais não resiste. O perfeito demais é uma farsa. Só o quase perfeito tem chance. É realista e sadio. Continua a trabalhar no casamento como se fosse a obra-prima de suas vidas, que só estará concluída quando um dos dois partir para a eternidade.

O casamento quase perfeito é quase eterno. Só não o é porque a morte existe.

HONESTOS PARA COM DEUS

Honesta e edificante a conduta daquele casal em situação irregular perante a Igreja:

— Não vivemos segundo o figurino da Igreja Católica — disse ele.
— Meu primeiro casamento, infelizmente, não deu certo. Não consegui viver sozinho, até mesmo porque não encontrei apenas uma mulher, mas uma pessoa que amo e que me ama. Ficaremos na Igreja, embora com todas as punições que a Igreja destina aos não regularmente casados.

E concluiu:

— Não é porque não conseguimos viver como a Igreja exige que a acusaremos de ultrapassada e incompreensiva. Não vou pedir à Igreja que mude sua doutrina moral só porque eu não consegui viver de acordo com ela. Deus conhece os corações. Então, sabe que não quero nem desejo viver em pecado, mas não sei viver sem minha mulher atual.

Honestos para consigo mesmos, honestos para com a Igreja, honestos para com Deus. A Igreja, que tem suas leis e os pune, não pode condená-los. Deus, que tem suas razões e tudo conhece, é a própria verdade. E só pessoas verdadeiras que não mentem a si mesmas, nem exigem dos outros uma mentira para justificar a sua própria vida, só tais pessoas podem merecer o Reino de Deus.

E foi por isso, talvez, que Jesus gritou aos fariseus e aos fidelíssimos seguidores da Lei que os publicanos e as meretrizes entrariam no Reino de Deus antes do que eles. Eram capazes de se admitir pecadores...

Nenhuma fé tem sentido, se não nos fizermos honestos para com Deus e para com o povo. Aquele casal pode não estar vivendo de acordo com a lei da Igreja e, possivelmente, do Evangelho. Mas só Deus pode julgar o antes e o depois. Entretanto, sua honestidade torna os dois pessoas dignas de Deus.

O Deus deles é como eles pensam: verdadeiro e capaz de compreender.

CASAIS EM CRISE

O casamento é um ato permanente de diplomacia. Isso eu não aprendi em livros; foram os casais em crise que me ensinaram. Quem não sabe perder às vezes, pode-se perder para sempre. Serve para os dois. Basta que um se canse para que o casamento desabe. Às vezes, a única coisa que sustenta uma relação é o perdão exagerado e generoso de um dos dois. Quando este se cansa, aparece a verdade nua e crua.

O casamento estava sendo sustentado só por ela, ou só por ele. Também é verdade que o que empurra um casamento para o desastre é a falta de diplomacia dos dois. Os imaturos vivem a pauladas. Deram-se uma aliança no dia do casamento, mas levaram um pedaço de madeira escondido na manga. Agora que precisam de verdade daquela aliança, só enxergam a madeira. Não conseguirão salvar nem a si mesmos nem a seus filhos, se acharem que agressão resolve alguma coisa.

O casamento é parecido com as relações internacionais. Dois mundos se encontram nesse dia. E os interesses, tão diversos, continuam dispersos de tal maneira que se distanciam. Para que o casamento dê certo, só a diplomacia! Ela cede aqui e ele cede ali. Hoje vence ele, amanhã, ela. Às vezes, há empate. É como o diálogo entre duas nações fronteiriças. Para que não haja guerra é preciso determinar bem as fronteiras e os interesses, saber os limites um do outro. Abusos costumam custar caro. Um dia, alguém se cansa. O divórcio não é nada mais do que sintoma de cansaço. Por vezes, cansaço prematuro de quem nunca fez esforço algum para segurar a relação. Em outras vezes, cansaço genuíno de quem fez tudo o que podia, por amor aos filhos ou à sua fé, mas agora não pode mais. Alguém achou que não precisava pedir desculpas de nada. E nunca pediu. O outro achou que não podia mais perdoar. E não mais perdoou. Não descobriu que casamento sem perdão não se sustenta.

Na verdade, o casamento é a instituição mais difícil de se manter num mundo como o nosso. As outras instituições dependem de muitas pessoas. O casamento depende só do casal. Se um dos dois falha, o casamento corre perigo. É muito difícil falar a um casal em crise. Nessa situação, as pessoas costumam cultivar sua mágoa. Gostam mais de se defender do que de ouvir. E raramente aceitam dividir a culpa. Quase sempre um deles quer que o outro se reconheça mais culpado.

O casal em crise precisa de amigos e filhos honestos, que não façam a vítima mais vítima do que é, nem o culpado mais culpado do que parece ser. E, se os dois não querem a diplomacia dos homens, que aprendam então a diplomacia de Deus, se ainda acreditam nele. Esta começa e termina com o perdão e a mudança de vida. O casamento supõe essa mudança desde o primeiro dia. Pena que alguns só descubram isso, depois do segundo ou terceiro casamento. Se tivessem sido abertos ao diálogo como são, agora com o outro companheiro, talvez estivessem, ainda, no primeiro casamento. E mais: junto dos filhos que geraram!

SALVAR UM CASAMENTO

Jesus salva. A fé consegue mudar pessoas e atitudes. Orientação psicológica também. Gente humilde que aceita orientação para a vida a dois; homem humilde que aceita falar sobre sua forma de tratar sua mulher; esposa que aceita dialogar e aprender a conviver com seu marido; masculino e feminino que aceitam aprender de novo sobre como fazer feliz ou satisfazer os desejos do outro; casal que se respeita e sente que ainda se ama; mulher que não quer outra coisa senão a paz em sua casa; homem que não quer de jeito algum passar insegurança ou revolta aos filhos e filhas, gente assim faz qualquer renúncia para salvar um casamento.

Na maioria das vezes, o que torna impossível salvar um casamento é o orgulho. Ela acha que não tem de mudar; ele acha que não tem satisfações a dar, nem mesmo à mulher com quem dorme ou dormia. Trabalho demais, preocupações, amigos, lugares e conselhos errados, amigas e até mães indiscretas, maliciosas ou revoltadas com seu próprio casamento, bebidas, drogas, tudo isso pode diminuir o interesse de um homem por uma mulher.

Sufocado ou desperdiçado, o desejo, que é obra de Deus, faz parte da sexualidade sadia, e sem ele vem a indiferença, que é uma forma de desprezo. Não é bom que um casal só pense em sexo, mas é igualmente mau que um dos cônjuges passe dias e semanas sem o menor desejo pelo outro. É fácil dizer que a culpa é do parceiro. É fácil dizer que o amor morreu. O difícil é dialogar, perdoar e recomeçar.

Quem tentou, em geral, conseguiu. Sexualidade é dom de Deus. Quando falta o desejo, também isso deve ser pedido. Que os casais não se esqueçam: sexo também depende de oração.

AS FRONTEIRAS DO CASAL

Homem e mulher não se casariam, se não achassem que vale a pena. E não tentariam a vida a dois, se não sentissem que é melhor casar do que viver só, especialmente depois que se conheceram. Quando o sentimento é forte e bonito, qualquer sacrifício vale a pena, inclusive o de ter de aceitar limites.

Limites e fronteiras são o que mais acontecem num casamento: os limites dele, que nem sempre é tão iluminado quanto parece; os dela, que nem sempre projeta a luz que prometeu no tempo do namoro, e os dos filhos. São esses limites que exigem demarcação de fronteiras num continente chamado amor, onde os países precisam determinar os seus territórios. Cada país permanece único com suas características muito especiais, sua linguagem e seu jeito de ser. Ao mesmo tempo, precisam formar acordos bilaterais e determinar até onde, quando e por quê. O universo dele encontra o dela. Em muitos aspectos os dois se fundem e, em outros, jamais se fundirão. Ele precisa saber até onde pode ir, sem prejudicá-la, e ela tem de saber até onde pode insistir e até onde pode aceitar.

Quando ele avança demais no terreno dela, sem pedir licença, está desrespeitando as leis daquele universo feminino, e vice-versa. Para que isso não ocorra, tem de haver um passaporte chamado diálogo, carinho, ternura. Ela não tem de ceder em tudo, nem ele. Ela não tem de pedir desculpas o tempo todo, nem ele. Tem de haver perdão e o encerramento daquele assunto. Deve haver um limite para tudo. Quem quer um casamento sem proibição, sem fronteira nenhuma e sem limite algum quer um relacionamento histérico. Fazer o que se quer num casamento é o mesmo que não estar casado, porque o casamento é a decisão de não mais fazer o que se quer, e sim o que os dois querem. Toda a teimosia de não permitir, de não prestar contas, acaba em guerra de fronteiras.

O casamento é a junção de dois países que decidiram formar uma federação. Cada qual permanece sendo o país que é, mas os dois optam por caminhar juntos sob dois governos que se consultam sempre. Permanecem soberanos, mas fazem tudo em comum. Algumas coisas ficam fora do contrato, porque a individualidade e a privacidade são privilégios da pessoa. O marido sabe que há momentos em que a mulher precisa de privacidade; e vice-versa. E há momentos que são só dele, ou só dela. Fronteiras e limites. Sem isso, não há liberdade no casamento. Por incrível que pareça, é a demarcação dos limites e das fronteiras que estabelece a liberdade do casamento.

Muita gente se machuca por não admitir nem aceitar limites. Como casar não é para anjos, e sim para homens e mulheres, então que aceitem os limites e façam bom uso deles. É questão de demarcar. Quem conseguiu garante que vale a pena. O resultado é uma família na qual as palavras "pai", "mãe", "filho", "filha", "mano" e "mana" são gostosas de se ouvir.

Aí, todo mundo é livre, exatamente porque ninguém faz apenas o que quer. Um conhece a fronteira do outro e a respeita.

A DOR DA SEPARAÇÃO

Quando se está de fora, é fácil moralizar e apontar o dedo. Num casamento em crise, tudo fica mais complicado. Mas há algo que os casais que passam por essa situação têm de avaliar de cabeça fria. Precisam de tempo para imaginar a dor que causam com seus conflitos. Se seus ombros e suas cabeças estão aptos a assumir a crise de uma separação ou até mesmo de uma traição, talvez os ombros e as cabeças dos filhos não estejam, como provavelmente nunca estarão.

Primeiro, é necessário avaliar a dor do casal. Realmente, é muito triste para uma pessoa viver ao lado de quem ela não ama mais e talvez nunca tenha amado. A exigência da Igreja parece cruel e absurda. Muitos casais se revoltam porque gostariam de se separar e, ainda assim, freqüentar sacramentos, contar com outra bênção da Igreja, na qual, no fim das contas, ainda querem viver.

Consumada a separação ou a traição, a dor é grande. No marido, na mulher, nos filhos e nos parentes. Fica difícil reunir os pedaços de quem ontem mesmo parecia feliz e restituir essas duas pessoas a si mesmas e aos seus filhos.

Mas, aos olhos dos filhos, a dor é ainda maior. Sentem que foram traídos por aquele que se casou de novo. Nem sempre falam, mas agem mudando os padrões de comportamento. Na cabeça do filho, cujo pai ou mãe assumiu sua vida com outra pessoa, fica um sentimento contraditório ao que os pais ou a Igreja impuseram a ele, pois pregaram uma coisa e fizeram outra. Como reconstruir essa cabecinha e esse coração machucado? Quem lhe devolve os pais inteiros e juntos? Alguns pais até conseguem fazer os filhos aceitarem essa nova situação. A maioria consegue o silêncio. Não se fala mais no assunto. Mas a dor fica.

A Igreja é santa e pecadora, mas tem uma sabedoria de vinte séculos. E, quando proíbe a traição, não pensa apenas no casal, mas também nos filhos. Dói mais perder o pai ou a mãe, do que o marido ou a esposa para outra pessoa. De qualquer forma, quando se é adulto, agüenta-se mais as desilusões, mas quando se é jovem ou criança, a dor é persistente, mesmo quando a ferida vira cicatriz. Por causa dos filhos, muitas pessoas mantêm um casamento que há tempos deixou de ser feliz. Digam o que quiserem, mas não deixa de ser um ato heróico. A Igreja pede aos pais esse heroísmo. É por isso que os cursos de noivos insistem nesse tema: se não é para assumir os filhos até as últimas conseqüências e, entre elas, a solidão, que se repense o sacramento.

Casar é lindo, mas não é nem nunca foi fácil. E nunca vai ser. A paternidade é uma condição que implica uma disposição infinita para assumir o filho, no riso e também na dor...

NINGUÉM DE NÓS É PERFEITO

Quando Jesus propôs que fôssemos perfeitos como Deus, não quis algo impossível. "Sejam perfeitos como o vosso Pai celeste é perfeito", disse ele (Mt 5,48). Sua proposta foi ao mesmo tempo radical e relativa. Radical no conteúdo, relativa no contexto. O que ele quis dizer realmente é que o ser humano deve procurar ser realmente homem, do mesmo modo como Deus é plenamente Deus. Se Deus fosse um pouquinho menos Deus, não seria Deus. Quando a pessoa aceita a idéia de se desumanizar, ainda que um pouco, deixa de ser humano muito mais do que pensa.

Torturar só um pouquinho é torturar. Matar só um pouquinho ou com menos violência é matar. Mentir só um pouquinho ainda é mentir. Precisamos buscar a bondade com intenção plena: ser bons e usarmos de justiça. Por outro lado, não podemos ser maus com ninguém e em nenhuma circunstância, nem mesmo quando todos nos dariam razão. A maldade pode ser explicada, nunca justificada.

Agora, entre querermos ser plenos e perfeitos e sermos de fato plenos e perfeitos há um enorme abismo. Ninguém de nós pode deixar de querer o melhor para si e para o outro. Mas ninguém tem o direito de sentir-se derrotado, frustrado ou deprimido porque não conseguiu seu objetivo. É que fora de Deus nada é perfeito. O Deus que é perfeito não fez tudo perfeito. Fez tudo bem-feito, mas nada perfeito, pela simples razão de que, se fizesse algo totalmente perfeito, teria feito outro Deus. Nesse caso, ele não seria Deus, porque teria sido alcançado por sua criação. E isso seria impossível, porque ser criado, ser criatura, já é uma imperfeição. E isso já é um limite: teve um começo e dependeu de alguém para ser quem é. Não seria autêntico.

Na criação, nada é perfeito. Nem os astros na sua trajetória, ainda que milimétrica, nem a natureza, nem as plantas, nem as águas, nem as aves, nem os peixes. Há uma certa ordem na vida, porém, dentro dessa ordem, os indivíduos têm sempre alguma imperfeição. Alguma folha, algum galho, alguma parte do corpo, algum detalhe mostrará uma quebra da harmonia desse ser. Não existem árvores perfeitas, nem flores perfeitas, nem frutos perfeitos, nem vidas perfeitas. A fragilidade delas é a sua imperfeição. Às vezes, sua força é sua imperfeição. Nada nesse mundo atinge o equilíbrio perfeito.

Por isso, quando sinto alguma dor, ou quando meu corpo apresenta alguma disfunção, se eu for perfeccionista, agredirei meu corpo. Se eu for relativista em excesso, desprezarei aquele detalhe que pode ser assumido e corrigido. Se for realista, direi que aquela imperfeição faz parte do meu ser pessoa. Tentarei corrigi-la e, se não tiver condições para isso, irei conviver com ela, acentuando outros valores de meu corpo limitado.

Jesus não nos pediu que fôssemos perfeccionistas, e sim que buscássemos a perfeição. Buscá-la de maneira doentia é neurose. Buscá-la de maneira serena é sabedoria. Por isso, todo aquele que se agride, ou faz por não ter conseguido tudo o que propunha, ou erra na proposta ou na resposta.

Somos e sempre seremos limitados e imperfeitos. Mas, dentro dessa imperfeição, pode-se ser muito bom. O chofer que não respeita os limites do carro ou da estrada pode ser habilidoso, mas não é inteligente...

RESTAURAR OU RECONSTRUIR?

Começar tudo novo, ou começar tudo de novo. A semente é o maior exemplo disso. Formigas recomeçam, aves recomeçam a cada ano, migrando e arribando.

Dias recomeçam, pessoas recomeçam. Mudam de cidade, de traje, de idéia, de religião, de vida, de estado civil. Mudam porque mudar faz parte da arte de serem elas mesmas.

Em outras palavras, só permanece fiel a si mesmo aquele que muda no que precisa mudar. Abraão recomeçou, Jacó recomeçou, os apóstolos recomeçaram depois da ressurreição.

Um fato novo abalou suas vidas, mas continuaram sendo eles mesmos; apenas passaram a agir diferente: tiveram de mudar para ser eles mesmos. Não começaram tudo novo, começaram de novo. Voltaram a fazer o que já faziam, porém, com nova motivação. Eram eles mesmos, Pedro, Tiago, João e os outros, no entanto, não eram os mesmos inseguros e confusos de alguns dias atrás. Mudaram para melhor. Em outras palavras: converteram-se. Viraram suas vidas para o lado certo. Para a coragem. Fizeram como o rio, que existe porque sabe deixar passar: algumas de suas águas vão adiante, as outras vêm atrás! O que seria do rio se não acolhesse o novo? É a renovação que faz o rio ser rio. Se fosse parado, seria uma lagoa... É a novidade de hoje que dá sentido ao passado. É a história do passado que dá sentido ao presente. Filosófico demais ou dá para entender que viver é passar?

Mudar o que precisa mudar e conservar o que deve ser conservado. Quem muda demais não sossega nem vive bem, e quem olha demais para o passado, em geral, vive mal-humorado e deprimido. Acha sempre um defeito para os novos e uma virtude para os velhos.

Francisco de Assis restaurou uma velha igrejinha: a portiúncula. A igreja da portinha foi seu primeiro trabalho profético. Podia tê-la derrubado e começado tudo de novo, mas seu gesto profético ensinou uma verdade imensa. Ele queria mudar a igreja sem destruí-la. Porque uma coisa é restaurar e outra é reconstruir.

PAIS E FILHOS DIANTE DA RELIGIÃO

A situação não é nova nem original. Os pais de todos os tempos e de todos os lugares gostariam de transmitir aos filhos as suas crenças e convicções. Muitos conseguem. A maioria, não. No passado, quando os filhos recebiam mais a influência da família, da Igreja e da escola, era mais fácil. Hoje, quando eles permanecem pelo menos metade da vida sob o impacto dos grandes meios de comunicação — que tomaram conta da escola, da família e até da religião —, a visão religiosa deles, não poucas vezes, entra em conflito com a dos pais. A crise da família tornou-se também, crise religiosa.

Crer em Deus do mesmo modo que os pais é hoje uma façanha difícil no agitado e turbulento mundo dos jovens. A linguagem que ontem convencia os pais, hoje não os convence mais, e muito menos os filhos. As religiões defrontam-se com grandes desafios: encontrar uma linguagem que enfrente a força dos grandes meios de comunicação e convencer os jovens de que sua proposta de vida leva à realização e à felicidade.

Na longa história da religião, são milhares as dissidências com diferentes enfoques e propostas. Como no caso dos alimentos, o homem não gosta de monoculturas e busca novos produtos e variados sabores para o seu exigente paladar. Foi por isso que, também em termos de fé, montou um "supermercado" de religiões e práticas que correspondam às diferentes preferências e conveniências. E quando se tem tanta variedade à disposição, é quase impossível querer que todos aceitem o mesmo prato. No Brasil, nos últimos vinte e cinco anos, ficou difícil encontrar uma família que permaneceu, toda ela, na mesma Igreja ou religião. Ou mudaram os pais, ou os filhos, ou os netos, ou os tios e primos. E cada família passou pela experiência de, pelo menos, duas ou três diferentes religiões.

Os pais falam de Deus e com Deus numa linguagem que os filhos em geral não entendem e, muitas vezes, não aceitam. Os pregadores que conseguem agradar os pais, nem sempre agradam os filhos. Aos poucos, o que era apenas diferença de linguagem se transforma em diferença de conceitos e conflito de fé. O Deus dos pais já não é mais o Deus dos filhos. Ou, se é, não diz as mesmas coisas. Parece a velha guitarra do pai que já não toca do mesmo jeito. É música, mas não é a mesma concepção musical. O que agrada os pais não agrada os filhos. O que delicia os filhos, incomoda os ouvidos dos pais.

Não é nem nunca será fácil adequar o gosto dos filhos ao gosto dos pais. Mas, se houver ternura e caridade, então as religiões encontrarão uma linguagem mais comum. Por isso mesmo, as famílias que mais se amam encontram menos conflitos graves em termos de religião. E é para lá que pais e filhos devem caminhar. Se houver amor e diálogo, haverá caridade. Se houver caridade, as chances de que a religião dos filhos não se oponha à dos pais serão muito maiores.

Mas ficou no passado a história de impor uma só religião a todo um povo. Pais e filhos nunca resolverão totalmente esse problema. No entanto, saberão viver com ele, se sua fé for maior do que suas religiões.

PARÁBOLA DO PAI PRÓDIGO

Não há cristão que não conheça a parábola do filho pródigo. Fala do filho que não quis mais ser filho e do pai que, apesar da ingratidão do filho, continuou a sentir-se pai.

Há uma outra parábola moderna que poderíamos contar: a do pai pródigo ou da mãe pródiga. Fala dos pais que abandonam o lar, e com ele os filhos, em busca da liberdade de um novo casamento ou da vida de solteiros. Infelizmente, são muitos esses pais; mais do que gostaríamos de admitir. Cansados do casamento e da paternidade, simplesmente vão embora e declaram que sua família é, agora, ex-família e seus filhos, ex-filhos. Nunca mais aparecem e, quando os filhos os procuram, fecham a cara e o tempo. Não querem mais ser pais.

O que faz um filho com um pai que o rejeita? Às vezes sente mágoa, perda e até ódio. Às vezes, desestrutura-se de tal forma que nunca mais se refaz. Viaja pela vida cometendo imaturidades, porque um dia o pai ou a mãe o rejeitou.

E há o filho que repete o gesto do pai do filho pródigo. Perdoa seu pai pródigo, caso este volte. E não são poucos os que vão à procura do pai. Foi o caso de M. e G., cujo pai abandonara a família em dificuldade para viver com uma jovem da idade da filha. Arruinou a sua vida. M. e G. foram procurá-lo e agora cuidam dele, que se acidentou e, literalmente, não teria mais ninguém ao seu lado. Acontece que, embora tivesse rejeitado seus dois filhos, estes não deixaram de ser filhos.

Disse a filha que, bem ou mal, ele cuidou deles por dezessete anos. Depois se cansou. Agora, os filhos cuidam dele.

Pais pródigos existem, mas há também os filhos misericordiosos, que sabem perdoar. Serão felizes. Filho que perdoa é candidato ao Reino do céu. Se souber ser filho de pai errado, vai saber ser filho de Pai certo, Pai com P maiúsculo.

O COLO E A ESCOLA

Milhares de conferencistas já o disseram, mil artigos já trataram do tema, mas voltar a ele faz bem. Mãe tem tudo a ver com educação, ensino e cultura. Não há como negar que o colo da mãe é a primeira escola do ser humano. É ali que se aprende a falar, a dormir na hora certa, a comer o alimento certo, a cuidar do corpo, a conviver, a repartir, a vencer e a perder. Não há nem haverá melhor escola do que a da ternura e a da autoridade amorosa. Ninguém melhor do que os pais para encarnarem esse papel; as mães ainda mais do que os pais.

O mês de maio traz-nos esta reflexão, por ter um dia dedicado à figura da mãe, figura que nunca esteve em baixa e que, por mais desencontros que o mundo tenha, emerge como esperança. Mães ricas e pobres, mães humildes e cultas, mães escondidas e que aparecem, mães oprimidas e libertas, todas elas traduzem o que há de melhor no ser humano. É claro que erram e que algumas delas se desviam a ponto de matar, vender, encaminhar para o crime ou prostituir os filhos, mas o número é tão pequeno que nem chega a valer para estatística.

A mulher, quando tem um filho que tanto desejou e esperou, muda-se do planeta Terra para o planeta Amor. Nunca mais é a mesma mulher. Ela sabe disso e se orgulha disso. Passa a viver menos sua vida, para que quem nasceu dela viva mais a dele.

Por isso e muito mais, para você que é mulher e deu à luz um ou mais filhos, meu respeitoso "Deus a abençoe". Quando uma mãe me pede a bênção, às vezes respondo que quem devia estar pedindo a bênção era eu. Então rimos e acabamos nos abençoando. Eu a ela, pelas vidas que educa, e ela a mim, para que eu leve essas vidas ao diálogo com o mundo e com Deus.

Maternidade é coisa séria. Não acaba nunca! Sem escola e colo não há país que resista. Os corruptos e violentos de hoje ou não tiveram bom colo ou falharam a escola ou a Igreja, que não deixam de ser um colo e uma escola noutra dimensão. Moral se aprende ali. Oremos para que nosso país leve mais a sério o ventre e a educação.

CRIANÇAS QUE GERAM CRIANÇAS

Acontece. Todos sabem que acontece. Ninguém é pego de surpresa. Os pais sabem que sua filha adolescente pode engravidar... Ela, no entanto, escapa-lhes ao controle. Observam o comportamento da filha com os amigos e os namorados, mas preferem contar com a sorte de que nada acontecerá.

A porcentagem de mães menores de 16 anos aumentou, mesmo com os anticoncepcionais e toda a informação disponível. Então, por que arriscam tanto?

Porque não estão preparadas para resistir à pressão que sofrem. O preparo psicológico para a maternidade não vem com a liberdade. É preciso ter algo mais do que 15 anos para abrigar um bebê no ventre, desejá-lo e cuidar dele sem maiores traumas. É preciso mais do que saber fazer sexo para assumir a maternidade. No entanto, a sociedade em que vivemos ensina como fazer sexo, e não como e por que ter um filho.

Psicólogos, padres e educadores precisam constantemente ajudar os pais a entender o drama que se abateu sobre sua filha adolescente. Amadurecida à força pela gravidez, nem sempre a menina consegue assumir o fruto de seu relacionamento sexual com o namorado ou amigo. Muitas vezes, as garotas rejeitam o filho ou comportam-se como se a criança lhes tivesse roubado a juventude. Podem tornar-se amargas ou omissas e jogar os filhos nas mãos dos avós. Dizem até que o amam, mas nem sempre conseguem cuidar do filho. Não poucas vezes, culpam o filho por seu desajuste. Precisam de ajuda, mesmo que não a queiram. Por que isso acontece? Ninguém sabe responder. Algo mais forte do que elas as fez arriscar. E sua romântica relação termina em graves conflitos.

Crianças estão gerando crianças. As estatísticas afirmam que, anualmente, no Brasil, um milhão de mulheres jovens, abaixo dos vinte e um anos, geram seu primeiro filho sem estarem preparadas para o casamento. O lar, quando constituído, é improvisado. Se for verdade, mais de quinze milhões de brasileiros nasceram de adolescentes nos últimos vinte anos. Alguns foram assumidos por suas mães. A maioria, não. A criança cresceu chamando o avô e os tios de pai, a avó e a mãe, de mãe. Dá para imaginar as conseqüências?

As escolas, as Igrejas e os meios de comunicação poderiam mudar esse quadro. Não estão mudando. Os meios de comunicação, principalmente a televisão, até contribuem para que ele piore.

A adolescência, definitivamente, não é a melhor idade para se ter um filho. É preciso promover educação sexual para os adolescentes. Informação já existe. Até demais. Formar é que é difícil. Sem isso, o drama vai continuar cada dia pior. Melhor um "não" agora do que o "sim" doloroso da maternidade antes da maturidade.

VIVER E DEIXAR VIVER

De um lado, os defensores da mulher, que não quer ou sente que não pode ser mãe naquele momento, estão a favor da mãe e contra o feto. Cheios de eufemismos, pois sabem que é de morte que se trata, eles se dizem defensores do direito de escolha, mesmo que essa escolha seja matar. Defendem os pais contra o feto doente ou indesejado. Defendem o adulto ou a adolescente, que já pode escolher, contra um ser humano que ainda não pensa nem fala, mas está vivo. E garantem que o feto não é gente.

Eles defendem o aborto, porque muitas mulheres morrem na tentativa de abortar. O governo deve ajudá-las a abortar certo e oferecer ao casal ou à mulher o direito de conceber e dar à luz ou matar o feto daquele ventre. Mas eles não gostam da palavra "matar". Não é politicamente correta. Preferem "abortar", "interromper", "intervir" ou "extrair". Não acreditam que Deus seja o autor da vida. Sua visão é materialista. Todo o poder pertence aos pais.

De outro lado, estão os defensores do feto. Estão a favor do feto e contra quem o deseja matar, mesmo que esse alguém seja quem o gerou. Nem mesmo quem gera tem o direito de matar uma vida. Feto é gente em formação. Não é pedaço de animal. Ninguém tem o direito de matá-lo. O minúsculo ser vai se tornar uma pessoa. É soberano. Tem o direito de nascer, crescer e viver. Deus é o autor dessa vida. Todo o poder pertence a Deus. Os pais são guardiões, mas não donos.

A guerra está declarada. Os defensores do aborto não nutrem simpatia pelas religiões que os combatem, menos ainda pela Igreja Católica. E a atacam felinamente, em seus pontos fracos. Querem provar que uma Igreja com pecados históricos contra a vida não tem moral para defendê-la. Espicaçam padres, bispos e o papa até onde podem. Os que o condenam não são notícia. A Igreja se defende contra-atacando, mas a investida principal é deles. Quem se acha em desvantagem e quer mudar a lei são eles.

Que os católicos escolham a vida. Esse é um ponto intocável da doutrina católica. Aborto intencional, nunca! Perder um feto é dor imensa e não é pecado. Jogar fora um feto é crime e também pecado. Se com isso acham a Igreja ditatorial, antidemocrática, intolerante e conservadora, que achem!

Quem disse que abortar é progresso? Desde quando matar é progresso? Dois mais dois não são cinco nem por votação democrática, nem por decreto. Continua a ser uma soma errada. Matar um feto continua a ser crime, mesmo que o Congresso diga o contrário! O Congresso não tem poder sobre a vida.

UM DIREITO CONTESTÁVEL

As ditaduras sempre têm uma palavra bonita para aquilo que, em si, é feio. Hitler, Stalin, Mussolini e outros ditadores, simpáticos ou não, que se perpetuaram no poder, sempre tiveram sua foto, sua pose, suas frases e suas palavras preferidas. A forma como as repetiam acabava convencendo muita gente de que eles eram bons, humanos, libertadores e benfeitores de seu povo. Descoberta a verdade, voltaram a ser o que eram: ditadores. E o mundo ou seus países continuaram a ter milhares de cidadãos capazes de arriscar a vida por outra ditadura semelhante. O mundo está cheio de gente que prefere a escravidão do Egito.

As defensoras do aborto nos Estados Unidos descobriram espertamente um modo de conseguir o direito de eliminar os fetos indesejados sem usar a terrível palavra "aborto". Enquanto os que combatem o aborto se proclamam claramente antiabortistas, elas, sem coragem de assumir que são pró-aborto, acharam uma palavra mais delicada: *pro-choice*... Em favor da escolha. Querem, pois, o direito de matar seus fetos, mas não querem ser chamadas de aborticidas. Por isso, proclamam-se a favor da escolha.

Mas escolha de quê? Que direito de escolha querem por lei? O direito de fazer aborto. O direito de livremente escolher um hospital em que possam tirar o filho sem serem acusadas. Querem a proteção da lei para interromper a vida de sua criança.

Aí, então, alguém diz que não se trata de uma criança, mas apenas de um feto... Ora, feto de mulher não é um simples pedaço de carne ou excrescência que se joga fora do corpo. É muito mais do que isso. Trata-se de um projeto de vida humana que, se não for interrompido, será um ser humano que pensa, fala, age e também irá querer o direito de escolha. Assim, tais mães, com essa atitude, não dão escolha ao feto que carregam no ventre.

Por que não falam com franqueza? Por que eufemismo? Elas sabem que, para seu argumento vencer, precisam enganar. A verdade nua e crua deixaria as pessoas comuns contra elas. O eufemismo ajuda, mas não muda a verdade. E a verdade é uma só: querem o direito de escolher em curto prazo, e negam ao feto o direito de escolher em longo prazo.

Em nome da democracia, querem o Estado fora de seus corpos. Chamam de ditadura uma lei que as proíbe abortar, contudo estabelecem a ditadura mais cruel sobre seus fetos. Decretam-lhes a morte, sem apelação e sem defesa alguma. E quem defende o direito do feto é tido como ultrapassado, moralista e retrógrado. Segundo elas, abortar é um progresso. É como pensam. É o que dizem. E seria cômico, se também não fosse trágico...

A CAIXA DE PANDORA

Na mitologia grega, Pandora era uma deusa que, de acordo com o nome, vivia distribuindo presentes: "pan-dora".

A lenda referia-se à existência do bem e do mal no mundo. Uma mulher bonita, enviada pelos deuses à Terra, trouxe todos os males que afligiam a humanidade, como vingança contra o deus Prometeu que roubou o fogo celeste. Ela casou-se com Epimeteu, irmão de Prometeu. Pandora trazia sempre uma caixa consigo. Os curiosos tanto insistiram que ela a abriu. Prometeu foi punido por ter roubado o que havia de mais precioso no céu. Em troca, recebeu as trevas. Espalharam-se pelo mundo todos os bens e todos os males que há no universo. No fundo da caixa ficou somente a esperança.

Seguindo a história, onde se lê a palavra "caixa", coloque-se as palavras "televisão" ou "Internet", ou ainda "mídia", e teremos a moderna caixa de Pandora. Não conseguindo resistir a ela, bilhões de olhos infantis, jovens, adultos e anciãos recebem o bem e o mal. Por essas novas caixas de Pandora, como castigo a todos que carregam consigo o fogo das paixões incontroladas, acabam vendo o que querem. É impossível e fica vetado proibir porque o fazer significa abrir as portas para controlar o direito de se expressar e ganhar dinheiro... Os meios de comunicação democratizaram-se e libertaram-se de tal modo que hoje, apesar de todos os mecanismos de controle, alguns veículos conseguem, de alguma forma, jogar nas mentes, nos ouvidos e nos olhos de todas as pessoas todo o bem e todo o mal que acham que devem divulgar.

Com tanta divulgação, mais cedo ou mais tarde acabaria onde acabou: no vulgar. Virou vale-tudo. No pano de fundo, mais do que a liberdade de expressão, o que está em jogo é o dinheiro que vem com essa liberdade. Eu sei, você sabe e todos sabem.

É o dilema dos pais e educadores, dos governos e das Igrejas de hoje. Interferir ou não? Proibir ou não? Até onde vai o direito de divulgar? Uma pergunta que, pelo visto, as modernas Pandoras não aceitam ouvir: há ou não, coisas que precisam ser proibidas e banidas dessas caixas de Pandora? Mais cedo ou mais tarde, o Brasil terá de enfrentar esse debate.

Da forma que está, a comunicação parece democrática, mas não é. O lixeiro pode não ter fabricado o lixo, mas não tem o direito de jogá-lo pelas chaminés e pelas janelas de todas as casas. Nem ele nem a televisão. Talvez nós e os que se proclamam intelectuais possamos discutir o que se entende por lixo. Intelectuais adoram discutir sobre o real significado das palavras. Mas quem tiver alguma dúvida, pergunte ao povo. Ele pode até gostar de ver o lixo, mas que o povo sabe o que é ou não lixo, ele sabe!

JUSTIÇA DE DEUS

Já faz tempo que os brasileiros poderosos calam seus profetas, matando-os ou mandando espancá-los. Por essa e outras razões, Deus não é mais cidadão brasileiro. Cassaram-lhe a cidadania, mas ele vive como clandestino nas casas daqueles que ainda pregam não roubar, não cobrar ágio, não mentir, não matar, não oprimir, não deixar os outros com fome, não se aproveitar da situação, não aceitar suborno, não receber salários astronômicos, quando a maioria não ganha para comer.

Mas Deus não entra nem pode entrar nas Igrejas que oprimem com a idéia do demônio e do castigo, e arrancam dinheiro do povo simples; nas companhias mineradoras e nas indústrias que poluem nossas águas e matam nosso verde; nas fábricas de agrotóxicos notadamente perigosos; nos projetos faraônicos que sugam o dinheiro da nação. Deus não pode ser encontrado nos latifúndios, onde o peão não pode produzir para o seu próprio sustento; nas grandes fazendas, nas quais o patrão leva o veterinário, de avião, para cuidar do garanhão doente, mas deixa que seu operário ferido vá de caminhão, por vinte horas de estrada, e espere na fila do INSS; onde se plantam, se processam e se comercializam drogas; nos hospitais que deixam o doente morrer por falta de um papel.

Não se encontra Deus na lei de levar vantagem, nem na cabeça dos que vivem na base do "se eu não faço, outros fazem"; nas indústrias do som, da imagem e dos motéis que exploram algo lindo como o amor e o transformam em flor suspeita das madrugadas; nas clínicas de aborto; nas casas de jogo, onde pais de família perdem o pão dos filhos; na indústria de seqüestros. Deus foi banido das programações infantis que até falam dele, mas desprezam costumes e crenças. A televisão seqüestra as crianças dos pais por horas e horas, propagando o erotismo infantil com canções lascivas de adultos, roupas sempre reveladoras, pouquíssima informação cultural e desenhos cheios de violência; mas pedem a bênção de Deus para o programa.

Deus não é brasileiro. Não é que ele não queira! No Brasil, muitas pessoas o consideram um pregador ultrapassado, que não fala economês ou capitalês, não tendo o que dizer aqui. Se quiser sobreviver, deve voltar ao latim e limitar-se a batizar, fazer casamentos — se ainda houver quem queira se casar diante dele —, celebrar bodas, enterrar mortos, benzer lojas, bancos e carros. Mas deve ficar na sacristia das igrejas. Que não se meta na política nacional, difundindo a idéia de que o povo é dono de si mesmo. No Brasil, a história já tem dono, e os cento e quarenta milhões de pobres estão com o seu destino traçado: ficar no seu lugar. Assim, o País terá ordem e progresso. O Brasil não admite desordem e, se o Criador teimar em querer repartir a terra entre todos e moralizar o capital, os governantes pedirão auxílio a alguma nação amiga da democracia e o enviarão de volta para o lugar de onde veio.

Enquanto apenas dava conselhos aos ricos e poderosos, Deus era bem aceito. Entrou para a clandestinidade quando o salário dos deputados ficou duzentas vezes maior do que o do trabalhador, que não consegue nem o suficiente para o pão e o leite dos filhos. Agora, nem seus escolhidos o vêem direito. Ele anda freqüentando muito mais os hospitais, as casas dos pobres, os lugares onde se passa fome e onde a vida pende por um fio. Mas, como os dez milhões que detêm o dinheiro e o poder não se misturam com essa gente, ao menos lá ele tem a chance de continuar no Brasil. Não vão achá-lo nunca!

TERRA RIMA COM GUERRA

A questão da terra sempre foi e sempre será uma questão vital. Enquanto houver dez metros quadrados de chão cobiçados por alguém que deseja construir ou trabalhar nele, ou por alguém que se acha no direito de possuí-lo, a questão continuará. A maior parte dos conflitos armados se deu por motivos políticos, religiosos e de fronteiras. Alguém que queria a liberdade, alguém que queria sua terra de volta, ou que queria aquela terra para o seu país. Terra sempre rimou com guerra.

Uma solução que quase sempre sossegou os beligerantes foi a redistribuição da terra. Quem fez a reforma agrária quase sempre conseguiu acalmar os ânimos, aumentar a produção, arranjar mais trabalho e levar o país a uma distribuição de rendas mais justa. Quem não fez, pagou o preço cada vez mais alto da concentração de terras nas mãos de uns poucos.

O que está acontecendo no Brasil é muito mais sério do que podemos imaginar. O cidadão sem-terra está ficando com raiva. Há quem ache que não há mais nada a perder e aposta nisso. Vem conflito sério por aí, se o governo federal e os governos estaduais e municipais não encontrarem uma solução. A solução do problema sempre foi adiada. Agora não dá mais para adiar.

Que falem as universidades, as igrejas e os grupos de serviço. Não queremos que, no Brasil, terra rime com guerra. Se continuar como está, irá rimar. Já está rimando. Nem todos que lutam pela terra são bandidos, nem todos os donos são demônios. Mas, se a raiva tomar conta do País, os que lutam vão achar que todos são demônios. Se os que dialogam perderem, vencerão os que desejam o conflito. Perderá o Brasil, porque nesse tipo de conflito mata-se primeiro e depois, com lágrimas, chega-se à conclusão de que isso não teria acontecido, se os dois lados de fato tivessem conversado antes. Ainda temos algum tempo. Na verdade, muito pouco tempo! A violência já começou.

MENINOS RAIVOSOS

Os episódios freqüentes em que garotos da Febem novamente se rebelam, e ateiam fogo às dependências, e desafiam as autoridades, e são reprimidos nos fazem pensar na raiva dos meninos sem lar e sem ninguém, e na nossa incapacidade de lidar com esses menores infratores.

A polícia tem de cumprir o seu dever, e imagino que entre os policiais devem existir muitos pais que o fazem com enorme pena. Eles sabem o que é um filho não ter pai e como é difícil lidar com alguém da mesma idade de seus filhos, que infelizmente não teve uma boa formação. Um deles me dizia exatamente isso: cumpria seu dever com grande dor no coração.

Imagino que as autoridades também façam o melhor para impedir rebeliões e fugas. Mas alguma coisa está errada nesse sistema de reeducação do menor infrator. Não sou melhor que os pedagogos e as autoridades que se empenham em resolver esse problema de magnitude nacional, e por isso não os critico. Se estivesse em seus lugares, talvez conseguisse ainda menos que eles.

O que me preocupa é o fato de que em nossas ruas e lá dentro da Febem é exageradamente alto o número de meninos com raiva da família, da sociedade onde cresceram e de toda e qualquer autoridade. Eles têm um outro conceito de liberdade, de vida e de morte e, portanto, outro conceito de crime. Não se regem pelas leis da nossa sociedade. Profundamente feridos na alma e nos sentimentos, criaram suas próprias leis e não se dobram.

O mundo não é como eles querem. Então, decidiram não ser como o mundo quer que eles sejam. Faltou pai ou mãe, faltou parente, faltou amor e, em muitos casos, faltou Igreja. São crianças sem freio, sem disciplina, sem lei. Como dialogar com eles, se para eles os nossos "conceitos" são "amorais", destituídos dos valores pelos quais se baseia a nossa sociedade?

Está aí um enorme desafio para o governo, para as escolas e para as Igrejas. Se quiserem converter pessoas, comecem pelos menores abandonados; o que, pelo visto, as Igrejas também têm dificuldade de conquistar. Eles são o triste quadro de uma democracia que não funcionou para eles e não funciona para milhões de crianças e famílias pobres deste país. Por que respeitar um sistema que não os respeita? Dar o que a um sistema que nada lhes deu? Penso neles, mas também penso nos meios de comunicação, que não fazem muito esforço para oferecer uma visão correta de pai e mãe e família, e que muitas vezes, por horas seguidas, passam cenas de amor livre e violência, e poucas, mas pouquíssimas vezes, passam mensagens positivas para uma criança pobre.

Todos temos "culpa no cartório". Os pais, os parentes, a vizinhança, os meios de comunicação, as autoridades. Não estamos sabendo o que fazer com a raiva desses meninos. A última coisa que temos é o direito de ter raiva deles. Nessa história, as vítimas são eles, sem dúvida nenhuma. Não lhes demos o que agora queremos que eles nos dêem: respeito e atenção.

COM O DEMÔNIO NO CORPO

Eles assaltam, roubam, torturam, assassinam sem dó nem piedade. Roubam merendas escolares, picham escolas, seqüestram crianças, atiram em professores, no vovô que defende a criança, estupram, enfrentam o guarda escolar e desprezam tudo o que se conhece por lei e ordem. São a terceira geração pós-TV. É claro que não aprenderam isso apenas na TV. Para consolo de quem milita na televisão: os pais, a escola e as Igrejas falharam mais.

A faixa etária dessas pessoas está compreendida entre os quatorze e os vinte e oito anos. A vida dos outros nada significa para eles; a sua, menos ainda. Sabem que vão morrer e nada mais esperam da vida. A maioria usa droga e tem vocabulário marginal. Querem ser heróis apenas para o seu reduzido grupo. Por ele vale a pena fazer todas essas loucuras. Os outros milhões de brasileiros que se "lixem"! Há ódio em seus corações. Contra os bacanas, a polícia, a lei, a religião e contra tudo e todos. Se estiverem a fim de algo, vão lá e depredam, atiram, sangram e explodem. Como nos filmes da televisão.

São jovens, têm pai e mãe ou apenas um deles. Não gostam de viver, não gostam da vida nem de quem gosta. Sensibilidade é coisa que não cultivam. Odeiam quem diz que o tem. Solidariedade ou companheirismo, só com o seu grupo. Criaram suas próprias leis. Não querem ser humanos. Não acham vantagem nisso. Armados, nauseados *à la* Sartre, drogados e enlouquecidos, não amam a vida, mas se sentem donos dela. Deus, para eles, não existe. Se existe, não faz a menor diferença. Por isso matam com frieza e saem rindo. Parecem membros de seita satânica. Talvez não sejam, mas *daimon* (demônio) quer dizer "coisa-ruim". O que fazem é mais do que ruim. Um ser humano normal jamais faria isso. Estão possessos. Ferir, roubar e matar para eles virou necessidade. Tomaram a cidade. E a cada dia ocupam mais espaço sob os olhares perplexos dos políticos e da polícia que não sabem como contê-los.

Onde aprenderam essa violência? Sem sombra de dúvida, no cinema e na televisão. Igrejas e pais em geral não ensinam a manipular armas e explodir cabeças. Desde meninos, viram todos os dias como é que se mata e, em determinado momento, não conseguiram mais estabelecer a diferença entre a vida e a ficção. A televisão que ensina coisas boas também ensina a matar. Depende de quem a programa. Faz tempo que a televisão deixou de ser um veículo sadio. Amor livre demais é ódio sofisticado, até pintado com o heroísmo de um Schwarzenegger ou de um Stalone, cujos personagens não passam de mocinhos assassinos!

Um dia, os meios de comunicação entenderão que quem semeia vento colhe tempestade, e quem divulga a violência colhe violência. Receio que já seja tarde para fazer alguma coisa. O pior de tudo é que a televisão ainda não se acha violenta!

O VALOR DOS LIMITES

Na Igreja Católica, como também em outras denominações cristãs, existe uma ciência chamada moral, que consiste em estudar e propor costumes e atividades segundo o Evangelho. Vale dizer: os membros de tais Igrejas têm algumas normas de comportamento a seguir, caso desejem proclamar-se cristãos. E uma dessas normas de comportamento refere-se ao prazer. Ele é bom, mas pode ser vivido de forma perigosa e inconveniente.

Vamos a um exemplo: o açúcar é bom e agradável ao paladar, mas não faz bem a uma pessoa diabética. Mesmo para alguém em plena saúde, o excesso de açúcar pode ser prejudicial. A satisfação que proporciona não corresponde ao bem que poderia fazer ao corpo. O excesso de prazer ao paladar, nesse caso, pode significar problemas para o resto do corpo.

Um outro exemplo é a bebida. Uma dose pequena pode até fazer bem, dependendo da finalidade com que é ingerida. Em grande quantidade, porém, é nociva, por mais prazer e sabor que se sinta. Quando o beber se torna compulsivo e a pessoa não consegue se controlar, o prazer se torna ilegítimo, porque a escraviza a um hábito que lhe faz mal.

O sexo é esse tipo de prazer. Há pessoas que fazem uso dele de modo certo, em momentos certos, com a pessoa certa, porque têm consciência de que o limite faz parte da vida humana. Isso a Igreja não condena. Ela orienta no sentido de se saber qual é o modo certo, o momento certo e a pessoa certa para se agir dessa forma. As normas existem e cabe à pessoa aceitá-las. Para a Igreja, o prazer sexual, que é santo e bom, pode transformar-se em experiência negativa, quando o indivíduo não se controla e se submete ao vício. Sabe que está viciado no sexo, mas não consegue ficar sem ele e pressiona, de todos os modos, uma outra pessoa para que lhe dê esse prazer. Assim, assemelha-se ao ébrio, que pressiona os outros a beber com ele ou a lhe dar a bebida, às vezes em situações grotescas, para não dizer chocantes.

O cristão tem consciência se um prazer é válido e bom à luz do Evangelho quando conhece suas conseqüências em si e nos outros, e controla-se ao fazer uso dele. Excessos levam a maus hábitos e a grandes desequilíbrios. Por isso, as palavras "bastante" e "suficiente" e a expressão "de modo correto" são importantes na vida cristã. Tão importantes quanto a dose certa de remédio na farmácia ou no hospital. Poucas pessoas concordam que os limites existem e devem ser respeitados, mas descobri-los pode significar a diferença entre saúde e enfermidade. Isso vale, tanto para a saúde do corpo quanto para a da alma.

Se uma pessoa não é capaz de impor-se um limite, dizendo "não" a si mesma, então não é alguém espiritualmente sadio. Pedir ajuda, além de um gesto humilde, é também um gesto inteligente.

NOSSOS LIMITES

Pedir perdão é muito pouco. Parece não resolver. Em geral, as pessoas perdoam, mas não esquecem. Por mais bem-intencionadas que tenham sido, explicar parece que não esclarece. A solução é pedir perdão a Deus pelo erro — mesmo que se ache que não o cometeu — e luzes para reparar os gestos ou palavras que tanto feriram o irmão.

Certa vez, fiz uma canção que muita gente, até hoje, pergunta se é autobiográfica. Não é. Tentei traduzir nela o que milhões de pessoas sentem quando tentam fazer tudo certo e o resultado é o contrário. "Pra não ferir ninguém" é uma canção para quem pode jurar perante Deus que só queria servir e serviu errado. Pode destinar-se ao médico que errou no diagnóstico, na profilaxia ou na operação; ao psicólogo que nada conseguiu para seu paciente; ao padre que pensou que sua mensagem tiraria alguém do sofrimento. Pode destinar-se aos pais que arriscaram tudo para tirar o filho daquele grave perigo e, de repente, ouvem: "Estou pior do que antes. Você me machucou ao tentar me ajudar...".

Somos falíveis. Nunca sabemos se neutralidade soará como indiferença, se métodos severos soarão como agressão, e os suaves, como fraqueza de caráter. Na verdade, quando decidimos ajudar alguém, estamos à mercê dessa pessoa. Tudo o que passamos aos outros é recebido, não de acordo com nossa boa intenção, mas com a cabeça e o coração de quem recebe. A pessoa pode estar muito ferida e receber bondade como agressão, vigilância como interferência e insistência como violência moral.

Há pessoas impenetráveis. Furamos um cerco aqui e elas armam outro ali. Insistimos em chegar na sua fortaleza e elas cavam centenas de pequenos fossos de autodefesa. E, se insistimos muito, passam a nos agredir, porque deram licença, mas não daquela forma. Aliás, qualquer forma não dá certo, porque querem e não querem. Elas mesmas sabem disso. Um dia achamos que é preciso abrir de golpe aquela porta fechada, e arriscamos. E, daquele dia em diante, passamos a ser culpados de tudo, não importa o que fazemos. O diálogo fica difícil e nem conversar conseguimos mais com o filho, a filha, o irmão, a irmã ou o amigo que quisemos ajudar. "A culpa é sua." "Eu ia me libertar sozinho." "Você não podia ter dito o que disse."

Milhares de pais ou amigos passaram por isso. Erraram por querer ajudar demais. Não tiveram a paciência dos que desatam nós.

Aos médicos, pais, psicólogos, padres e amigos que um dia disseram o que não deviam ou agiram errado, uma palavra humana: peçam perdão, mas não aceitem o tamanho da culpa, pois ela pode ficar maior do que seu pequeno ou grande erro. Quiseram o melhor, e erraram. Mas quiseram o melhor. Não foi desamor nem egoísmo. Foi vontade de tirar alguém das drogas, de um amor errado, do estelionato, do jogo, ou de algum perigo iminente. Erraram, porém não cruzaram os braços. Foram duros e muito apressados ou confiaram demais no seu "taco". Erraram feio. Mas era amor.

Deus, que tudo vê, a tudo proverá. Se aconteceu conosco, façamos o que devíamos ter feito desde o começo: rezemos um pouco mais. Oração cura quem feriu e quem foi ferido. A profissão mais linda é a de curar o interior das pessoas, e é também uma das mais arriscadas. Só o amor pelos seres humanos justifica tanto risco. Mesmo que eles jamais nos perdoem ou jamais entendam...

IMPOR LIMITES

A cena chegou a ser dolorosa, mas deixou uma bonita lição.

A jovem mãe tinha cerca de vinte e sete anos e o menino, uns dois anos. Foi uma luta de gigantes. Ele mostrava-se birrento, teimoso e violento. Ela, forte, serena e irredutível. O palco da guerra era uma prateleira de supermercado recheada de chocolates. O menino parecia uma fera enjaulada, queria cinco tabletes. E ela, uma domadora sem chicote, a dizer que ele poderia levar apenas um.

Foi uma aula de maternidade. Além de mim, pelo menos uns quinze espectadores observavam o acontecimento. Que menino violento! E que raiva ele cuspia daquele rostinho transtornado! Gritava tão alto; chorava tão forte e doído, que parecia estar apanhando de porrete. Batia os pés, rolava no chão, ameaçava derrubar a prateleira toda, mas todas essas tentativas foram inúteis. Sem usar de violência física ou erguer a voz, a mãe o obrigava a escolher: "Ou leva só um, ou não leva nenhum. Vai ter de escolher". A voz não era a de quem tem raiva. Foram dez minutos dolorosos, no final dos quais o pequeno aceitou sua derrota.

Os gritos, urros e pontapés foram diminuindo. Por fim, o garoto cessou a manha, aceitou a mão da mãe e saiu do supermercado com sua única barra de chocolate. O resto ficou lá, na prateleira. Vencera a mãe e perdera o supermercado.

Desde que o mundo é mundo, crianças desejam certas coisas e muitos pais, ou cedem para não ter de enfrentar o incômodo da birra, ou se descontrolam e batem no filho. Mas poucos pais educam os filhos para a questão do ter.

Crianças são pequenos capitalistas selvagens que não gostam de renunciar ou perder. E, se os pais não ensinam os filhos a escolher e aceitar a oferta, eles sofrerão na vida e farão outras pessoas sofrerem.

São lindas as mães e fabulosos os pais que proíbem, sem raiva, e dão o necessário, sem dar demais. A nossa sociedade tem mentalidade de supermercado. Oferece mil prateleiras com tentações e incita os imaturos a consumir mais do que precisam.

Por isso mesmo, são dignos de aplausos os casais que conseguem educar seus filhos a não consumirem demais. Com a televisão ensinando o contrário, não é nada fácil. Contudo, muitos conseguem.

A lição da jovem mãe paulista lembrou-me outra jovem de New Bedford, Massachusetts (EUA), grávida e com outro filho de três anos ao lado. Três amigos e eu esperávamos a vez de ser servidos numa sorveteria e, como era natural, cedemos a ela a nossa vez. Ela polidamente recusou, explicando-se: "Estou bem e agradeço. Quero educar meu filho para que saiba esperar sua vez. Se eu passar à sua frente, ele vai aprender o que é errado".

Gosto de contar isso aos casais. O Brasil seria outro se os pais, ricos ou pobres, tivessem esse comportamento. Quanto mais cedo a criança aprende a escolher, melhor para ela. Se crescer ganhando tudo no grito, vai se perder um dia, na profissão ou na vida.

O PESO DA ANGÚSTIA

Jesus experimentou a angústia. Em Lucas (22,39-45), lemos que ele tomou-se de enorme angústia, rezou mais intensamente, seu suor caía em forma de gotas de sangue. A Pedro, Tiago e João, confessou que estava com medo e angústia e pediu que não saíssem de perto dele. E descreveu o que sentia como tristeza de morte.

Para muitos psicanalistas, a angústia é a manifestação superlativa da ansiedade, assim como o pavor é o superlativo do medo. Camões captou-a de maneira poética e magistral, e falava dela como "uma dor que nasce não sei onde, vem não sei como e dói não sei por quê". As pessoas sentem que ela vem, quando nada está bom. O corpo reage de maneira estranha — o peito aperta, algo fecha a garganta —, a melancolia e a tristeza tomam conta da pessoa, e um temor difuso, indescritível, dói fundo em nosso ser. É a angústia que outra vez ataca. E dela sofrem milhões de jovens e adultos.

O assunto é profundamente humano e religioso. Toca no porquê da vida. De repente, alguém que tem tudo para ser feliz não se sente assim e não sabe dizer exatamente por quê. Os Salmos 6, 7, 13 e outros falam da angústia. O personagem Jó também a conhece. Apenas sua fé em Deus e sua oração o libertam.

Sabem disso muito bem os que tratam de pessoas aflitas e machucadas na alma. Às vezes a dor é tanta que o socorro imediato é um fortíssimo calmante. Contudo, há outros métodos de libertação. A oração madura, forte, confiante e a presença serena de um ente amado ajudam muitíssimo. Foi o método de Jesus. Pediu que os três ficassem com ele e orou com mais intensidade. Se ele passou por isso, nós também podemos passar. Alguns felizardos quase nunca sentiram angústia. Não sabem nem do que se trata. Mas há pessoas, em número cada vez maior, que se queixam desse sentimento estranho. E choram até não ter mais lágrimas, ficam tristes e oprimidas, não querem ver ninguém, precisam falar e não conseguem. Quando conhecem alguém que transmite paz, procuram sua presença. Isso ameniza, mas não resolve tudo.

Angústia é enfermidade. Na maioria dos casos tem cura, porque vazios podem ser preenchidos. No entanto, não se deve brincar com ela. Quem sofre de angústia com freqüência, deve buscar ajuda.

Jesus experimentou-a, talvez uma só vez, mas chegou ao grau máximo suportável por um ser humano: suou sangue. Contudo, a resposta veio dele, que sabia do que falava: "Vinde a mim, todos vós que estais cansados e carregados de fardos, e eu vos darei descanso" (Mt 11,28).

Religião inteligente, psicanálise e muita paciência curam melhor do que palavras mágicas e o teatralismo dos que atribuem a angústia ao demônio. Não é por aí que se vai. Palavras curam, dizia uma paciente de Freud. A Palavra de Deus liberta, diz a Bíblia. Psiquiatras, psicólogos e sacerdotes têm a difícil tarefa de libertar pessoas do superlativo da ansiedade. Ansiosos somos todos. Mas nunca houve tanta angústia como neste início de século. Criamos sociedades muito interessantes e cheias de saídas. Todavia, milhões de crianças, adolescentes e adultos não receberam as chaves. Quem tem uma, deve emprestar a quem não tem. Com esse assunto não se brinca!

Pessoas tristes devem nos preocupar. Não é normal nem bom.

SENTIR-SE PEQUENO

Uma das conseqüências de encontrar Deus é que queremos ficar cada dia menores e queremos ver Deus cada dia maior no coração dos outros. O santo é aquele que descobriu parte da grandeza de Deus e, por isso, pelo tanto que já viu, sente o quanto precisa viver bem para ser digno do que viu. Sente-se pequeno o viajante no deserto, o marinheiro no mar, o aviador no céu. Ali, sem limites, percebe-se que tudo é pequeno, por maior que pareça. Quem já teve a graça de experimentar o dom da fé sente-se pequeno e aceita a vida com maior serenidade. A isso os místicos chamam de repousar em Deus. Acabam as ambições imediatistas, mas não o espírito de luta e de serviço aos outros.

Agora, já não se buscam elogios ou recompensas. Repetem a frase de Jesus: Somos servos inúteis. Não fizemos mais do que nossa obrigação (Lc 17,10). Os santos são pessoas serenas, mesmo quando precisam denunciar. São pequenos e o mar é enorme, mas sabem que vão chegar. Então, navegam sem medo, mas sem esquecer que são pequenos e precisam de ajuda; voam sem medo, mas não dispensam a ajuda de vozes da terra e do céu; atravessam o deserto, não sem olhar para as estrelas.

O santo nunca se sente perdido. Ele tem uma bússola dentro do coração que aponta para o Norte de Deus. Por isso, apenas se sente pequeno. Pequeno, mas não inútil, nem derrotado. Menores do que ele são os pássaros e as flores do campo e Deus cuida deles e delas (Mt 6,26). Por que não cuidaria de um ser humano, que é a imagem dele?

Humildade rima com esperança. Nunca vi uma pessoa humilde que não fosse sonhadora e esperançosa. É desse tipo de gente pequena que o mundo precisa. Se o Reino de Deus acontecer aqui, será por causa de pessoas desse tamanho!

ARREPENDER-SE TODOS OS DIAS

Não é, nem nunca foi fácil. Há quem carregue enorme remorso e viva uma vida triste, e há quem se arrependa só um pouquinho. Mas arrepender-se de verdade é fazer como o trem que volta aos trilhos: dificilmente os abandona pela segunda vez. Navios também raramente encalham pela segunda vez. A pessoa que se arrependeu de verdade toma uma decisão na vida: isso eu não repito mais! E não repete. E não o faz não por medo de Deus, e sim por amor. Entendeu que o que fazia ou fez era mesmo errado e isso em nada ajudava a si e aos outros. Porque ama, a verdadeira conversão acontece, não por medo do castigo ou das conseqüências, e sim por amor.

A pessoa finalmente descobre a ternura de Deus e decide que por ele nunca mais pecará. É amor. Pode até haver filho que nunca mais rouba, de medo de apanhar do pai, mas age melhor o filho que pára de roubar para nunca mais ver a mãe chorando por sua causa. O motivo é mais forte!

Pecar, todos pecamos. Converter-se, nem todo mundo se converte, porque a guinada tem de ser de 180 graus. Meia conversão não leva ninguém de volta ao caminho certo.

Talvez seja por isso que alguns convertidos sejam tão radicais. São até sinceros no que fazem, mas precisam entender que existem voltas imediatas e voltas gradativas, que precisam acabar em guinada. Há quem saia do poço aos poucos, e há quem agarre a corda e saia quase voando.

No entanto, pouca gente tem essa conversão tão rápida. A maioria precisa ir operando a sua, até que chegue o dia da guinada.

Francisco de Assis levou anos para dar sua guinada. Paulo teve anos de aprendizado, depois daquele dia, perto de Damasco. Há de ser assim conosco. Até lá, precisamos ir nos convertendo.

Por isso, nunca é demais rezar: "Mesmo que eu não queira, não saiba e não peça, converte-me, Senhor".

Quem ama a Deus converte-se todos os dias. Uma bela oração a se fazer a cada manhã que nasce!

NÃO TORNES A PECAR

Alguns pregadores identificam a mulher pecadora que com os cabelos enxugou os pés de Jesus com a pessoa de Madalena. Outros falam que a mulher adúltera ameaçada de apedrejamento era ela. Não está claro nos evangelhos que foi ela. Lucas e João falam apenas de uma mulher. Não dizem o nome. De Madalena, Marcos e Lucas dizem que Jesus tirara sete demônios (Mc 16,9; Lc 8,2).

É difícil saber, portanto, quem foi aquela mulher que, com lágrimas, lavou os pés de Jesus e com os cabelos os enxugou, mas é fácil perceber o grau de arrependimento, de gratidão e de ternura dessa pessoa a quem Jesus tirou do pecado. Por essas e outras razões é que o cristianismo deve acentuar o poder de cura da Palavra e a cura pelo perdão.

Foi Jesus quem disse muitas vezes: "Teus pecados te são perdoados, vai em paz!" Foi Jesus quem curou o corpo e a mente das pessoas. Suas curas eram simultâneas. O pecado é um tipo de enfermidade e a vida em pecado é uma enfermidade duradoura. Para sair da repetição constante do mesmo pecado, que se torna um vício, a pessoa tem de ser curada interiormente. Tem de haver uma guinada de 180 graus. É como se a pessoa estivesse de costas para Deus, afastando-se cada vez mais e, de repente, movida por um súbito sentimento de amor e de ternura, desse meia-volta e começasse o seu caminho de volta à casa paterna.

Essa "meia-volta" é que caracteriza a verdadeira conversão. Não se pode girar apenas 35 ou 48 graus; ou gira-se 180 graus ou não é volta para a casa. Aquela mulher dera a guinada de 180 graus, e por isso Jesus a libertou. Foi mudança total de vida. As Igrejas católicas e evangélicas, ultimamente, estão acentuando muito a cura pelo perdão e pelo arrependimento, e isso é certo. É teologia do mais puro teor.

Estão acontecendo milagres nas Igrejas cristãs, mas, diga-se de passagem, os maiores milagres são os de conversão do coração. O sacrifício que mais agrada a Deus é a mudança de vida. Louvado seja Deus, por esse novo Pentecostes.

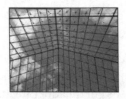

DE CIMA DO TELHADO

Quando Jesus disse aos seus seguidores que anunciassem a Boa-Nova de cima dos telhados (Mt 10,27), estava dizendo, em parábola, que deveriam anunciá-la ao maior número possível de pessoas. Até aí, tudo bem. Jesus queria que milhares e milhões de pessoas conhecessem sua mensagem.

O que ele não disse nem diria é que, para isso, vale qualquer discurso ou qualquer recurso. Também não disse que valia qualquer telhado. Existiam telhados escorregadios, telhados que não se prestam à pregação e telhados de pessoas que não se importam com a sua mensagem. Supõe-se que o pregador saiba em que telhado subiu e o que está dizendo de lá de cima, com que aliados e com que companheiros de pregação. Imagine se um pregador repartisse o telhado com um terrorista ou com um inimigo da nossa Igreja. Então, não vale qualquer telhado nem qualquer companhia.

Digo isso para lembrar aos irmãos na fé, os quais garantem que hoje em dia Jesus subiria em qualquer palanque ou palco, que a coisa não é bem assim. É verdade que ele comeu com publicanos e pecadores, mas não deixou de dar uma lição de humildade enquanto fazia sua refeição na casa do fariseu. Não mediu palavras com quem o hospedou. Disse o que tinha de ser dito! Também compareceu diante de Pilatos e Herodes, mas contra sua vontade. Estava preso. Questionou o poder de um, e diante do outro nem abriu a boca. Herodes estava fazendo pouco caso dele. Existiu, portanto, um lugar onde Jesus simplesmente não anunciou nenhuma Boa-Nova: disse ao governador o que pensava dele. Diante do rei, simplesmente se calou.

Há idéias que ninguém questiona e que acabam transformadas em dogma sem o aval da Igreja. Um desses pseudodogmas é a afirmação de que temos de anunciar Jesus em qualquer lugar. Ora, foi o mesmo Jesus quem disse: "Não jogueis vossas pérolas aos porcos" (Mt 7,6). Foi ele também quem disse que era preciso saber onde semear (Mt 13,3).

Sustento que há lugares onde não é possível pregar. Aceito debater. Está lá nos evangelhos, claro como a luz do dia! Não vale qualquer semeadura. Não vale qualquer telhado!

O PÃO E A FOME DO POVO

Eucaristia rima com harmonia e com alegria. Rima também com muitas outras experiências humanas. Mas não rima com fome. Se existe uma experiência que se poderia classificar como antieucarística é a fome de qualquer pessoa. Não há nada mais ofensivo a Deus do que uma terra cheia de espigas, um silo repleto de alimentos, caminhões carregados de grãos para a exportação, supermercados bem sortidos e coloridos de luxo, navios cheios até a borda, computadores ditando os preços para o mundo inteiro e, nas ruas do país que produz, colhe, beneficia e exporta, crianças e velhos mendigando o que comer, porque não trabalham e porque o que ganham não é suficiente para comprar o alimento que a terra deu quase de graça.

Não é eucarístico um país que não reparte e não faz o alimento abundante chegar à mesa de todos. Não é eucarístico um país que não consegue dar pão para quem tem fome, enquanto o vende para outros povos que dele fazem até mesmo ração para cavalos e porcos. Não é eucarístico um país que permite mesas fartas e repletas de iguarias importadas, e a mesa do homem que trabalha oito horas por dia e seis dias por semana mal consegue ter o pão de cada dia. Não é eucarístico um país onde as terras continuam intocáveis e servem de investimento, enquanto o homem que pede um pouco de terra para plantar acaba nas periferias de cidades, engrossando o concerto dos esfomeados. Não é eucarístico um país que salva um investidor e um banqueiro, mas não salva um pequeno plantador à beira da ruína.

Teria sido essa a razão que levou Jesus a profeticamente escolher, como símbolo da sua presença no mundo, um pedaço de pão repartido e um cálice de vinho distribuído entre todos? O mestre que teve pena do povo, que, após três dias a ouvi-lo, dava sinais de fome, fazendo para ele o milagre do pão multiplicado, declarou indigno dele aquele que, pondo com ele a mão no prato, depois o venderia por dinheiro. E garantiu que, sempre que sentissem saudade dele, reunissem o grupo, lavassem os pés um do outro em gesto de serviço e humildade, partissem o pão e o vinho em seu nome, assim o trariam de volta. O Filho de Deus estaria onde alguém servisse, repartisse o pão e o vinho e onde ninguém passasse necessidade básica alguma.

Os discípulos compreenderam isso. Tanto que repartiam fraternalmente os seus bens, alguns vendiam o que tinham e punham na caixa comum. E não havia necessitados entre eles. E partiam alegremente o pão pelas casas, certos de que, no pão repartido e na justiça de um povo sem fome, Deus estaria presente. Chegavam mesmo a trazer comida para as ágapes, onde também acontecia o milagre da eucaristia.

Os abusos começaram a acontecer. Havia os aproveitadores que comiam e bebiam antes de aprenderem com a Palavra. E quando vinha o momento de lembrar os gestos e as propostas de Jesus, estavam já bêbados. Mas a eucaristia nasceu para ser escola de partilha!

Um país que permite por tantos anos gente com fome, quando a terra produz, tem rito, mas não vive a eucaristia. Quem não cria condições para que todos possam ter comida em casa, ou buscá-la, não como esmola, e sim como prêmio pelo seu trabalho, não tem espírito de eucaristia. E não é cristão aquele que não reage quando vê o preço do alimento se tornar proibitivo, o leite não chegar às crianças e o pão de cada dia faltar à mesa do cidadão, cada vez mais subnutrido. Um povo precisa primeiro comer, para depois produzir riquezas.

Você talvez não creia, mas missa existe para isso. Para que ninguém passe fome neste mundo, para que todos repartam com justiça e para que todos sirvam a todos. Não! Não foi a esmo que Jesus escolheu como sinal de sua presença no mundo o pão repartido. A propósito, você sabia que Belém, a cidade natal de Jesus, em hebraico, Bêt-Lehem, significa "casa do pão"?

DEMOCRACIA DE PESCADORES

Numa praia deserta do Nordeste, na pequena colina de areia, que as águas escalavam buliçosas, havia vinte e sete pescadores. Eles faziam fila, enquanto espreitavam os cardumes. Havia peixe para todos e cada um tinha a vez de jogar sua tarrafa. Todos trabalhavam, ninguém administrava a pesca de longe, de um gabinete, para depois ficar com a parte maior da pescaria e deixar as sobras para os demais. Não era como o Brasil.

Foi tocante e bonito. Cada um jogava sua rede e deixava espaço para que o próximo também jogasse, voltando para a fila. Assim, todos tinham vez. Quem pescava alguma coisa jogava o pescado no seu pedaço de areia. Havia pedaço de areia para todos. No fim da pescaria, a democracia também era econômica. Não perguntei quais os critérios da partilha, mas eram honestos. Quem pescou mais ficava com um pouco mais. Mas só um pouco. Quem pescou menos ganhava um pouco de todos. Ninguém saía de lá com excesso nem sem nada, porque todos haviam trabalhado.

O Brasil devia ser governado por pescadores. O problema do Brasil é pensar que basta a democracia política. Errado! Se não houver também a democracia econômica, que se traduz na partilha justa dos frutos do trabalho, primeiro para quem trabalha e não para quem administra, nosso país nunca será uma nação honesta.

No maior país católico do mundo, as missas não deram o resultado esperado. Se a eucaristia fosse levada a sério, o pão do trabalho teria sido mais bem repartido, e a mística do pão teria tomado conta de nosso país. Não tomou.

Os brasileiros ricos resistem em repartir. Afundam-se nos seus bancos, iates, aviões, indústrias e fazendas, mas não repartem. Parecem o menino que se apossou do bolo, porque o viu primeiro. A mãe insiste para que o reparta, e ele insiste que viu primeiro. No fim, chorando de raiva, dá um pedaço a cada irmão, sempre querendo ficar com a fatia maior. Capitalista incorrigível. Acumular é a sua vida; levar vantagem até onde der, o seu lema. Não entende a vida de outra forma. Tem de ter sempre mais, muito mais.

O Reino dos Céus exige partilha. O mar é de todos e ninguém é dono dele. Um dia, será assim com os bens do trabalho. Um sistema justo cobrará pesados impostos de quem tem mais e os distribuirá. Toda riqueza tem um limite, além do que, ela é pecaminosa, nem que se construam igrejas e orfanatos de graça. Será necessário mais do que algumas creches e orfanatos para que os ricos do Brasil possam viver em paz. Se não mudarem seu conceito de lucro e não aceitarem ser menos ricos, afundarão. E o Brasil afundará com eles. O rombo já foi feito. Aprendamos com os pescadores. Jesus começou com eles.

POBRES SEMPRE TEREIS...

Viu-me a comprar três maçãs e veio atrás dos meus passos. Estendeu as mãos pequenas e pediu as três maçãs. Isso mesmo, as três! Uma para ele, outra para a mãe e outra para a irmãzinha. Disse que tinham fome e que não haviam comido nada pela manhã. Poderia estar mentindo, mas eu lhe dei as maçãs. Sem dente e desmazelado, teria, no máximo, nove anos.

Sou da opinião de que, quando um pobre nos pede ajuda e nós nada fazemos por ele, podemos estar sendo enganados, mas podemos também estar levando alguém ao desespero.

Se lhe damos dinheiro, podemos estar comprando a sua sobrevivência ou talvez a sua morte, com mais um pouco de droga. Não dar pode ser um erro, assim como dar. E então? Concluímos que é melhor não dar nada e deixamos a tarefa ao governo, que também não dá. Por isso, eu dei as maçãs. Não doeu nada. Nem acho que foi virtude.

Se me pedisse dinheiro, eu hesitaria! Mas confesso que não sei o que fazer pelos carentes. Dar alguma coisa aos pobres acaba sendo melhor do que não dar. Alguns deles nos enganam, mas os ricos também nos enganam. E não é porque alguns ricos nos roubam e enganam que os evitamos, ou deixamos de comprar nas suas luxuosas lojas. Por isso mesmo, não é porque alguns pobres nos enganam, que deixaremos de ajudar os outros pobres.

Alguns de nós agem como se aquele pobre, que nos enganou com aquele um real que usou para comprar pinga, nos tivesse pedido um milhão de dólares. Magoados, paramos de ajudar a todos os outros... Não é correto nem como pensamento filosófico, nem teológico e tampouco sociológico. Os pobres existem e precisam de auxílio. E quem não ajuda nunca, que invente suas desculpas. Parecerá filosófico, mas será falta de solidariedade. A quem mais se deu, é dele que se pedirá mais. Essa é a doutrina de Jesus de Nazaré!

EGOÍSMO E ALTRUÍSMO

Ídolo é tudo aquilo que ocupa o lugar de Deus. Um dos nossos maiores ídolos é o nosso próprio "eu". Em poucas palavras, gostamos muito de brincar de pequenos deuses. Facilmente nos candidatamos à quarta pessoa da Santíssima Trindade. Às vezes, até a substituímos na seguinte ordem: Eu, o Pai, o Filho e o Espírito Santo.

Gostar de si mesmo é fundamental para quem deseja ser *persona*, sou quem sou, fundamental para alguém ser feliz. Entretanto, gostar demais de si mesmo a ponto de, intencionalmente, usar os outros, feri-los, assaltá-los, roubá-los, enganá-los, mentir, destruí-los, vingar-se e até mesmo matar é idolatria. Chama-se egoísmo. É uma religião que substitui o cristianismo, o judaísmo, o xintoísmo, o islamismo ou qualquer outra religião organizada. No egoísmo, o fiel é ao mesmo tempo o adorador e o ídolo. Por isso, as religiões travam um combate sem trégua contra o egoísmo. É impossível ser bom religioso e egoísta. As pessoas egoístas não amam, não perdoam, não ajudam, não dão comida nem dinheiro e não se dão. Quando dão, o fazem para aparecer, ou porque há vantagem nesse gesto.

Os egoístas são sempre materialistas, interesseiros e não têm respeito a Deus e ao outro, porque seu interesse é a única moral que conhecem. Pessoas egoístas caem na vista. Raramente fazem boas amizades ou amores fiéis. Machucam tanto os outros, que acabam mais infelizes do que já eram. O pior é que não admitem ter de mudar. Não sabem perder; se perdem, dão o troco mais tarde. Precisam vencer, caso contrário, odeiam quem venceu. Que pare tudo, porque eles não pararão nem desistirão daquilo que querem! Vale a sua vontade. O egoísmo provoca terríveis desequilíbrios de comportamento.

A Igreja insiste muito no altruísmo (saber dar lugar ao outro), no perdão e na educação para o perdão, exatamente porque é impossível constituir famílias e sociedades sadias e felizes, se as pessoas se colocam em primeiro lugar. O antídoto contra o egoísmo é o amor pelo outro, amor feito de renúncia. Não há cura para essa doença, a não ser um grande amor que leve a pessoa a viver por alguém, sem detrimento de ninguém.

Aceito precisar de alguém, quero precisar de alguém, aceito ajudar e ser ajudado, aceito me corrigir e ser corrigido e aceito aprender com o outro. Quem chega a tal atitude superou seu egoísmo. Adorar a si mesmo é um dos maiores desvios da vida. Fuja dele. É desastre certo. Descubra o altruísmo e seja feliz!

CORAÇÃO GENEROSO

Pouca gente presta atenção nas palavras que usa. Dizemos "obrigado" sem perceber que, com isso, assumimos uma obrigação com a pessoa que nos ajudou. "Muito obrigado" é ainda mais empenhativo. Ficamos devendo muito.

Quando dizemos que alguém tem um coração generoso, dizemos muito mais do que pensamos. A pessoa generosa cria, regenera ou gera um fato novo a cada ato de generosidade que pratica.

Ter um coração generoso é saber fazer as pessoas renascerem, enchê-las de paz e de esperança. A pessoa, que veio quase morrendo, volta refeita, renascida, regenerada, porque encontrou um coração generoso e perdoador. Era disso que Jesus falava quando propôs que aprendêssemos com o seu coração. Seu coração era manso e humilde, por isso mesmo, generoso. Nunca houve nem haverá neste mundo um coração mais generoso do que o de Jesus.

Quem não tem coração generoso corre o risco de matar, em vez de ajudar a renascer. O Reino de Deus é daqueles que sabem gerar fatos novos que encham as pessoas de esperança e de paz.

Cristãos, ou são generosos ou são menos cristãos do que imaginam. Quer saber se alguém realmente segue Jesus? Veja se seu coração é generoso!

*O maior pecado da professora televisão
é mostrar qualquer matéria
para qualquer aluno.*

PROFESSORA TELEVISÃO

Ninguém é como a televisão, quando se trata de promover uma idéia ou um costume. É só aparecer uma vez na televisão e não demora muito para milhões de jovens e adolescentes vestirem aquela roupa ou cantarem e dançarem remexendo as nádegas. Insistem na notícia, repetem exaustivamente e conseguem colocar cem mil pessoas num estádio para ouvir cantores estrangeiros, que a maioria nem sequer entenderá. Depois, acabou. Missão cumprida. É o poder da televisão: divulgar sem se envolver. O que o telespectador faz depois de receber aquela mensagem não é problema dela. Sua missão é entregar. Alguém produz umas idéias, um produto, umas canções, umas danças, quer vendê-los e recorre à televisão, que se dispõe a divulgar. Para quanto mais pessoas, melhor. Os valores também mudam em função do número de público. Por isso, a importância do Ibope ou dos institutos de pesquisa. Como caminhão de carga, ela entrega qualquer coisa em qualquer lugar: cultura, religião ou erotismo e, em alguns casos, até obscenidade e pornografia. Vai do luxo ao lixo.

Algumas emissoras cuidam do que entregam; outras, não. Há os programas didáticos, que se dispõem a ensinar. E outros que se dizem educacionais, e no entanto só ensinam o erro. Mostram como se faz um coquetel Molotov, como se assalta um banco e como se curra uma menina numa mesa de bilhar. Não importa quem verá isso, não é tarefa da televisão. Que os pais vigiem seus filhos... Umas poucas empresas, que receberam concessão para exploração daquele canal, primam pela ética.

Infelizmente, a maioria não leva em consideração a pedagogia das idades. Não importa se há crianças do outro lado, ou se o que mostram vai atrapalhar os pais no processo de educação dos filhos. Os programadores sabem que os pais nem sempre estão em casa para controlar suas crianças. Assim mesmo programam mensagens pesadas em horário infantil. Sabem que há pessoas de mente doentia assistindo ao programa e, mesmo assim, mostram cenas com requinte e perversidade.

O maior pecado da professora televisão é mostrar qualquer matéria para qualquer aluno. Não respeita a idade nem as condições mentais do telespectador. Joga no ar. Quem viu, viu, quem não viu, não viu. O problema não é dela. E não assumirá culpa alguma, caso alguém imite determinada cena. Em nome da liberdade de expressão, violenta muitas mentes, com o argumento de que vê quem quer. Contudo, sabem que não é verdade. Milhões de pessoas não têm critério de escolha e milhões de pais não podem vigiar seus filhos vinte e quatro horas por dia. Jogam sobre os pais a tarefa que deveria ser delas. A maioria das emissoras não tem departamento de pedagogia nem psicólogo de plantão para opinar sobre os riscos de determinada matéria ir ao ar. Giram sua metralhadora e atiram através de suas antenas. Se ferir alguém do outro lado, não tem importância...

Trata-se de invasão do lar. Uma criança assistiu algo contra a vontade dos pais: é invasão. Jogam o lixo em qualquer porta e esperam que o morador o afaste de lá, se não o quer. Em primeiro lugar, não possuem o direito de jogar lixo na casa de ninguém. E também não vale dizer que o que é lixo para uns não é para os outros. Basta que significativa parcela da população considere aquilo prejudicial a seus filhos, para que se busque maior cuidado com a mensagem jogada no ar. Televisão tem de ser mais do que diversão ou empresa geradora de lucros. Ou é serviço, ou não é. Do jeito que está, a televisão mais usa do que é usada. Joga lixo em mentes infantis. É culpada de boa parte da violência e da decadência moral de agora. Não é a única, mas é a mais poderosa. Divulga o mal. Muitos jovens violentos de hoje a tiveram como única professora. E o que ela ensinou foi devastador. Trinta ou quarenta anos vendo e ouvindo violência acabam por influenciar uma geração inteira. Ela tem seus valores, mas não a defendo. Ela tem culpa e sabe que tem.

JESUS E A MÍDIA

Não sei se Jesus hoje teria um programa de rádio ou de televisão. Conhecendo o conteúdo de suas conversas, imagino que ele teria muita popularidade junto aos simples, aos pobres e oprimidos. Mas certamente não agradaria aqueles que estão bem de vida. Se ele repetisse tudo aquilo que disse nos evangelhos, provavelmente não teria espaço na maioria das emissoras de rádio e muito menos nas de televisão. Seria considerado retrógrado ao defender um casamento sério, sem rupturas, ao combater o aborto e defender a vida em quaisquer circunstâncias, e ao defender o tempo todo o direito dos pobres.

Jesus só ganhou pontos no "Ibope do mundo" depois de morto, porque em vida teve poucos seguidores. O próprio povo que o seguia, tomado pelo medo, não o defendeu quando foi crucificado. Certamente, não formou um exército aguerrido em sua defesa. Não agradou as autoridades religiosas e civis. As autoridades militares executaram a decisão delas. Foi considerado indivíduo nocivo à nação, perigoso para a fé e um sedutor que afastou o povo da verdade; a verdade do império romano, a verdade de um rei vassalo e a verdade de religiosos ultraconservadores.

Posso estar enganado, mas sei e você também sabe que, se Jesus, hoje, tivesse um programa de rádio ou de televisão, provavelmente teria muita dificuldade em mantê-lo no ar. Ele certamente não falaria só o que agrada. Corrijam-me se eu estiver errado, mas pregador só ganha ponto quando diz coisas agradáveis de ouvir. João Batista e Jesus, se pudessem, teriam morrido na cama. Mas Jesus morreu porque falou o que, segundo os poderosos, não devia ter dito. E cortaram a cabeça de João Batista porque ele falou o que não devia. Se eles falassem hoje, ao vivo, a Jesus deixariam sem programa e a João Batista cortariam o microfone, que é o mesmo que cortar a cabeça.

Talvez seja por isso que pouca gente se atreve a falar contra o que está acontecendo no mundo. Estamos na ditadura do capital e ai de quem disser que isso é errado! Ser contra a globalização hoje é o mesmo que anunciar o dilúvio. Disseram isso de Noé. Mas o dilúvio aconteceu!

PALAVRAS QUE NÃO PASSAM

As tuas são palavras que não passam.
As minhas, eu sei que passarão.
Por isso, ensina-me a basear as minhas palavras nas tuas,
sem jamais traí-las.
Aí sim minhas palavras durarão mais tempo do que eu!

FIM DE LIVRO

Os textos deste livro foram usados em muitos programas de rádio, retiros e noites de reflexão e oração. Serviram de subsídio para muitos sacerdotes, seminaristas, casais e jovens que buscavam temas para seus programas de rádio e suas palestras.

Agora, em forma de livro, imagino que possam continuar sendo úteis. Foi o objetivo desta publicação. É bom saber que o povo católico está refletindo e pensando mais. Nossa Igreja tem um pensamento. Esse pensamento pode e deve ajudar na construção de um país mais religioso, mais democrático e mais aberto ao diálogo.

P. Zezinho scj

É a novidade de hoje que dá sentido ao passado.
É a História do passado que dá sentido
aos fatos do presente.

SUMÁRIO

Este livro 5

Palavra certa, do jeito certo... 7

O homem Jesus 9

Pensar como Jesus pensou 13

Falar como Jesus falou 15

Amar como Jesus amou 17

Chorar como Jesus chorou 19

Sorrir como Jesus sorria 23

Porque Jesus ressuscitou 25

Jesus não se crucificou, deixou-se crucificar 27

Janela da alma 29

A grande comunicação 31

Fui, sou e sempre serei chamado 33

Alguém nos quis aqui 35

De repente, Deus... 37

Igreja de uma nota só 39

Religião e coerência 41

Religião adocicada 43

Punir sem matar 45

Se as Igrejas se calarem 47

Sim, eu acredito em anjos 49

Nem únicos nem perfeitos 51

Cultivar o amor 53

Quem ama confia? 55

Eros, romance e ternura 57

Como a lua és tu, Maria! 59

Silêncio que machuca 61

Para repensar as mães 63

Desculpe-me, mãe! 65

A graça do casamento 67

Amor ao pé do altar 69

Recado a um casal jovem 73

Não se case por acaso 75

Amor e cumplicidade 77

Felizes porque fiéis 79

De volta ao romantismo 81

O casal quase perfeito 83

Honestos para com Deus 85

Casais em crise 87

Salvar um casamento 89

As fronteiras do casal 91

A dor da separação 93

Ninguém de nós é perfeito 95

Restaurar ou reconstruir? 97

Pais e filhos diante da religião 99

Parábola do pai pródigo 101

O colo e a escola 103

Crianças que geram crianças 105

Viver e deixar viver 107

Um direito contestável 109

A caixa de Pandora 111

Justiça de Deus 113

Terra rima com guerra 115

Meninos raivosos 117

Com o demônio no corpo 119

O valor dos limites 121

Nossos limites 123

Impor limites 125

O peso da angústia 127

Sentir-se pequeno 129

Arrepender-se todos os dias 131

Não tornes a pecar 133

De cima do telhado 135

O pão e a fome do povo 137

Democracia de pescadores 139

Pobres sempre tereis... 141

Egoísmo e altruísmo 143

Coração generoso 145

Professora televisão 147

Jesus e a mídia 149

Palavras que não passam 151

Fim de livro 153

Impresso na gráfica da
Pia Sociedade Filhas de São Paulo
Via Raposo Tavares, km 19,145
05577-300 - São Paulo, SP - Brasil - 2011